首度解密巴菲特从未公开的投资秘诀。

巴菲特
的投资思维
BUFFETT'S INVESTMENT THINKING

李青东 ◎ 编著

群言出版社
QUNYAN PRESS
·北京·

图书在版编目（CIP）数据

巴菲特的投资思维/李青东编著．——北京：群言出版社，2016.8
　　ISBN 978-7-5193-0229-0

Ⅰ．①巴… Ⅱ．①李… Ⅲ．①巴菲特(Buffett, Warren 1930-)—投资—经验 Ⅳ．① F837.124.8

中国版本图书馆 CIP 数据核字 (2016) 第 245147 号

责任编辑：	李　青
封面设计：	国风设计

出版发行：	群言出版社
地　　址：	北京市东城区东厂胡同北巷1号（100006）
网　　址：	www.qypublish.com（官网书城）
电子信箱：	qunyancbs@126.com
联系电话：	010-65267783　65263836
经　　销：	全国新华书店
印　　刷：	香河县宏润印刷有限公司
版　　次：	2018年8月第1版　2018年8月第1次印刷
开　　本：	710mm×1000mm　1/16
印　　张：	15
字　　数：	130千字
书　　号：	ISBN 978-7-5193-0229-0
定　　价：	39.80元

【版权所有，侵权必究】

如有印装质量问题，请与本社发行部联系调换，电话：010-65263836

前 言

沃伦·巴菲特，美国投资家、企业家及慈善家，被称为股神，尊称为"奥马哈的先知"或"奥马哈的圣贤"。

1930年8月30日，沃伦·巴菲特出生于美国内布拉斯加州的奥马哈市，沃伦·巴菲特从小就极具投资意识，他钟情于股票和数字的程度远远超过了家族中的任何人。他满肚子都是挣钱的道儿，5岁时就在家中摆地摊兜售口香糖。稍大后他带领小伙伴到球场捡大款用过的高尔夫球，然后转手倒卖，生意颇为红火。上中学时，除利用课余时间做报童外，他还与伙伴合伙将弹子球游戏机出租给理发店老板，赚取外快。

1941年，刚刚跨入11周岁，他便跃身股海，购买了平生第一只股票。

20世纪70年代初，美国股市总体呈现踉跄下跌的趋势。面对这种行情，向来善于寻找潜力股的巴菲特还是在耐心等待，他在静静观察局势的变化，寻觅最佳的出手机会。不久之后，华尔街热门股票一个接一个地急剧下跌，股市一片混乱，巴菲特的机会来了。

经过严密调查和筛选，巴菲特把目光投向了他所熟悉的报刊业。他果断出击，从1973年中期开始悄悄买入《华盛顿邮报》的股票。

在20世纪70年代初的金融灾难中，很多投资者正经历着痛苦和绝望,他们都认为此时大举入市的巴菲特是在冒险,无异于自取灭亡。但巴菲特并不这么认为。经过计算,巴菲特发现,当时的股票买入价格还不到该企业内在价值的1/4,这注定是一笔获利丰厚的买卖。

巴菲特的投资理念有这么一条:把鸡蛋放进一个篮子里。所以一旦巴菲特出手,必然是重仓。随着他收购的股票越来越多,《华盛顿邮报》总裁凯瑟琳·格雷厄姆也开始坐立不安起来,她实在不知道是哪路高人在大肆收购她的股票。

1974年,凯瑟琳终于得知这个神秘人物是巴菲特。无奈之下,她恳请巴菲特手下留情,不要再买她的股票了,因为这是她父亲传下的基业。巴菲特答应了她的要求,条件是成为《华盛顿邮报》董事会的一员。沃伦·巴菲特与凯瑟琳·格雷厄姆的伙伴和朋友关系,便是这样结成的。

后来的事实证明巴菲特的判断是正确的。由于巴菲特的介入,《华盛顿邮报》利润大增,年平均利润增长率高达30%。购买《华盛顿邮报》,可以说是巴菲特职业生涯中的一个重要里程碑。

时至今日,巴菲特已年近九旬。在半个多世纪的投资生涯中,通过一次次类似《华盛顿邮报》般神奇的智慧投资,巴菲特成就了自己在证券投资领域不可撼动的首屈一指的地位,在股市这个虚拟市场获得了富可敌国的财富。

投资理财是一门含金量百分之百的技术活,充满风险又遍布机遇,是财商转化为财富的必然历程。成败与否,全在于投资者的思想和智慧。本书就是在综合提炼巴菲特投资生涯中的经典案例的基础上,深入解读其中的投资技巧和策略,挖掘巴菲特的投资思想和智慧,以给广大股市投资者充分的引导和启发,让自己的投资理财更高效更智慧。

目 录

第一章　原始积累——做好投资前的准备 / 1

思维 1. 坚持你所喜欢的 / 2

思维 2. 解读公司财务报表很重要 / 7

思维 3. 投资要选择负债率低的公司 / 12

思维 4. 考虑经济政策对股市的影响 / 17

思维 5. 价值评估指标 / 20

思维 6. 对现金流量进行评估 / 27

思维 7. 运用概率估值 / 31

第二章　安全投资——把风险降到最低 / 37

思维 8. 打好本金的防守反击战 / 38

思维 9. 选对投资工具很重要 / 41

思维 10. 把赌注押在高概率事件上 / 49

思维 11. 永远不要借债投资 / 52

思维 12. 让安全边际为资金安全护航 / 56

思维 13. 安全边际实现无风险套利 / 59

思维 14. 选择安全性能高的股票 / 63

第三章　集中投资——一鸟在手胜过十鸟在林 / 71

思维 15. 忘掉分散性投资 / 72

思维 16. 巴菲特的集中投资策略 / 76

思维 17. 集中投资的好处 / 80

思维 18. 看准了就集中买进 / 86

思维 19. 控股投资能获得更多收益 / 90

思维 20. 时刻给自己留一些"子弹" / 94

第四章　逆势投资——不做盲目跟随市场的"牺牲品" / 99

思维 21. 准确把握市场的行情 / 100

思维 22. 不要被股市陷阱所迷惑 / 103

思维 23. 危机中也许就蕴含着利益 / 108

思维 24. 复利投资——让钱生钱 / 112

思维 25. 拒绝盲目跟风，先下手为强 / 119

思维 26. 下跌是大好机会 / 126

第五章　价值投资——巴菲特永不过时的投资法则 / 131

思维 27. 注重投资的内在价值 / 132

思维 28. 持续战胜市场的价值投资 / 134

思维 29. 投资是经营企业的一种方式 / 137

思维 30. 认准持续性获利行业 / 140

思维 31. 估算股本收益率 / 144

思维 32. 价值投资的关键三要素 / 148

思维 33. 成为自己的投资顾问 / 151

第六章　心态投资——手中有股，心中无股 / 155

思维 34. 理性面对亏损 / 156

思维 35. 把投资当成一种生活方式 / 159

思维 36. 心态决定投资 / 164

思维 37. 贪婪是投资大忌 / 169

思维 38. 跟巴菲特学点心理运算 / 173

思维 39. 考虑沃特·米提效应 / 177

第七章　规避风险——投资失误是一面镜子 / 183

思维 40. 风险投资需要保持头脑的清醒 / 184

思维 41. 摸透市场情绪的特征 / 187

思维 42. 忽视短期波动，购买未来的投资理念 / 191

思维 43. 果断回避不可测的风险 / 194

思维 44. 理性地看待增长 / 197

思维 45. 巴菲特的止损策略 / 199

第八章　进退之道——在买之前就知道何时卖 / 203

思维 46. 寻找股票买卖的最佳时机 / 204

思维 47. 何时卖空很重要 / 209

思维 48. 熟知"卖出"策略 / 213

思维 49. 耐心等候买入时机 / 217

思维 50. 实现了目标就要见好就收 / 222

思维 51. 不宜卖出的好股票 / 226

第一章
原始积累——做好投资前的准备

世界首富的宝座所象征的绝不仅仅是简单的钱数,它所包含的东西有很多。在巴菲特身上就意味着他擅长投资。股神巴菲特本身是股票经纪出身,很早就把赚来的钱用来投资。另外,年轻人可以接受更高风险的投资。原始资本的积累很重要,越早计划你的财富管理,成功的机会也就越高。

思维 1. 坚持你所喜欢的

老子在《道德经》里有云："夫唯不争，故天下莫能与之争。"很多人活得不自在，很多人都没有取得成功，为什么？因为他们没有做自己喜欢的事情，被迫做着自己不喜欢的事情，没有坚持追求自己的理想。

很多人选择的发展方向都是背离自己喜好的，要么是父母建议的，要么是社会热门，要么是只要能够谋生的。这样的选择有什么意义？你得不到你想要的，得到的其实也是你根本不喜欢的。人生仅此一次，你却始终未能做自己喜欢的事情，将会多么遗憾。

做你不喜欢的事情，就没有动力，没有动力怎能做好呢？你喜欢做的事情，你就具有潜在的做好这件事的能量，你为什么不把这种能量释放出来？做自己不喜欢的事情是多么不情愿，压抑着自己，委屈着自己，长此以往对心灵是多么大的摧残？

你说做自己喜欢的事情谈何容易？客观条件总与自己背道而驰。不容易才更应该去挑战，不容易才更要坚持，怎么能就放弃了呢？坚持走自己喜欢的路，坚持追求自己的理想，就一定能成功。很多人一看自己的理想道路是那么艰辛，就不走了，他们其实只要再坚持一段，就能到达成功彼岸了。做自己喜欢的事情可能会有暂时的困难，但结果一定是很美好的。而做自己不喜欢的事情则是一辈子的痛苦。你怎么能因为暂时的困难而选择一辈子的痛苦呢？

有的人认为做自己喜欢的事情有时候会和生存产生矛盾。人是为精神而活，不是为肚子而活。做着自己不喜欢的事情把肚子填饱了，可你的精神是多么的饥饿？而且理想和生存现实的矛盾是暂时的，很快就会度过的。你虽然暂时物质上拮据一些，可你的精神是多么充实，心灵是多么畅快，那也是一种幸福的状态。你做着不喜欢的事情就是换得了锦衣玉食，可你放弃了自己的理想，背叛了自己的精神，你又能算是幸福的吗？不要担心因为理想丢了生存，很多做自己喜欢的事情的人最终都能获得丰厚回报。那些坚持自己的理想，做自己喜欢的作品的艺术家，度过一段拮据生活，不是有很多都富裕起来了吗？如果他们为了温饱而放弃理想，向商业妥协，哪会有那么大的成就呢？很多的文学家、思想家、哲学家都是在与生存的抗争中苦苦坚持，大多不都成功了吗？

巴菲特从11岁开始买第一只股票，现在86岁了，还没有改行的迹象，看来，他这辈子也就是个投资大师了。他并不是世界上最富裕的人，排在他前面的，还有好几个。巴菲特肯定也知道做软件很赚钱，但他肯定不会去做，不管股市是牛是熊，他都吊在这棵树上了。

2007年巴菲特在致股东函中有这样一段话：我和查理·芒格都很幸运地发现我们实现了自己的梦想。我们出生在美国，有了不起的父母给我们获得良好教育的机会；现在家庭和睦幸福，身体健康；许多人做了甚至比我们更多的贡献，但是由于我们具备的一些商业基因而获得了和自己的贡献并不成比例的财富。

此外，我们一直都在做着自己喜欢的工作，得到了许多的乐趣，并且获得很多人的帮助。我们每天的工作都洋溢着快乐，但是对于我们来说，最快乐的事就是与股东们在一起参加伯克希尔的年会。

在巴菲特的投资经历中，每一次的投资都是发自内心的行动，他丝毫不会勉强自己。巴菲特从小就热爱经营活动，做自己喜欢的事情，并且尽自己最大的努力去实现它，这已经成为他的一个良好习惯。巴菲特一直以来都在运作着自己喜欢的投资事业。在体会无限乐趣的同时，也在感受着实现人生价值的快乐。不喜欢的工作你是难以做得出色的，投资活动也是如此。

巴菲特出生在奥马哈这座古老城市的一家简陋的医院里。巴菲特的家庭是一个极为普通的家庭，实际上说不上富贵，甚至他的少年时代家境还是极为困难的。在他小时候，并没有人给他灌输如何赚钱的思想，一切的赚钱方式都是他凭借天生的爱好不断学习得来的。就连巴菲特的父母都不知道是从什么时候起，自己的孩子竟然莫名其妙地做起"买卖"来。巴菲特6岁的时候就已经有经营意识和经营行为了。那一年，他们全家一起到奥克波基湖去旅游，然后租住在一个很热闹的小街上。有一天，小巴菲特在自己的背包里装着6瓶可口可乐。这些可乐有的是父亲给他买的，有的是游客送他的。但是，小巴菲特并没有把可乐喝掉，而是积攒了起来。等到中午阳光最炙热的时候，小巴菲特就背上他的背包，到沙滩上开始向小朋友们兜售那些可乐。巴菲特后来说，有两瓶可乐还是他在商店里买的。商店里卖的是20美分，他在沙滩上卖的则是25美分。因为他选择的地方好，那些口渴的孩子更需要，所以可乐出手就快。少年巴菲特，为了赚取更多的钱，还经常到高尔夫球场去捡拾旧球。巴菲特的邻居们说，巴菲特小时候经常弄来一些旧的高尔夫球让他们卖，然后他在中间提成。巴菲特喜欢提到他从小就喜欢数字这件事，这是他最早就表现出来的爱好，这个爱好的确帮助他成就了事业。应该说，之后他所建立的投资事业都与这个爱好有着密切的联系。

在巴菲特的个人成长过程中，始终坚持把个人爱好和未来事业紧密结合的原则。由于华尔街的股票交易所没有奥马哈的让他感兴趣，所以在全家搬到华尔街之后，他还是千方百计地利用祖父的同情心给父母施加压力，并成功返回到奥马哈读书。中学时期，巴菲特当上了兼职报童，为两家报纸的订户送报，这是他喜欢的工作，甚至此后一生他都喜欢关注媒体。这为他日后投资《华盛顿邮报》、美国广播公司等多家传媒机构做了很好的铺垫，这也十分符合他一直贯彻的"生意做熟不做生"的观点。

正因为巴菲特坚持做自己喜爱的工作，才会成就今天的事业。巴菲特后来在选择大学和专业的时候与父母分歧很大，父亲甚至希望他毕业后成为一名神职人员。可是他只喜欢投资，喜欢金钱，而且他一直在为自己的选择做最大的努力，直到按照自己的意愿来安排自己的人生。当时巴菲特告诉父亲，如果不能按照自己的愿望选择学校，那还不如不上。事实上，他甚至当时不想上大学，就直接进入投资市场。因为那时候他已经有了足够的投资本钱，但是，他的弃学想法没有得到父母的同意，家人认为他必须继续上学。因为巴菲特无论是成为神职人员，还是从事自己最喜欢的专业，还是研究商业内容，在学校中增长知识都是非常必要的。所以最后他接受了家人的建议。不过，他一边上学还一边进行一些投资活动，一直做着自己最喜欢的事情。

只有你喜欢做一件事情，才可能创造性地把它做好。兴趣才会使你的主动性、超思维的开拓性无知觉地发挥出来，而对于那些不感兴趣的工作，你难以做到更深入地探求和思考，也就得不到理想的收获。将爱好与事业有机地结合。你就能够超常地跨越到人生新的高度。开创出一个新的世界。这就是巴菲特带给我们的启示。

任何行业、任何市场都是博大精深的，够你花一辈子的精力去钻研和奋斗。任何一个大师级的人物，都只是自己那一个领域内的大师，比尔·盖茨如果去股市淘金，以他的实力，当个庄家，翻云覆雨，又有何难！但他如果真那样做了，他也就不是比尔·盖茨了。

广泛涉足，难免蜻蜓点水，把一件事做透，正是富人成功的秘诀。

比如，正泰集团总裁南存辉当年辍学后是个走街串巷的补鞋少年，曾有过补鞋时扎破手还忍痛补完客人鞋的辛酸经历，回忆起艰辛与磨难的少年时代，南存辉说了句意味深长的话："修鞋那阵子，我每天赚的钱都比同行多，我就凭自己的速度快，修得用功一点，多流一点汗，质量就有保证。"

老老实实做好自己擅长的工作，这就是最好的投资。你擅长做技术，就争取把技术做到最好；擅长做生意，就把生意做到一流。

假设你是一个进城打工的建筑工人。那么,你的各种资源主要是：体力、建筑工的经验、泥瓦工的技能和你是富人的雄心。在短期内你做事的目标可能是每年增长三到十倍的收入。那么想办法把泥瓦工的技术提高并放大，采用承包制给老板结算,你便挣得多,老板也效益多。

"上帝给每个人的机会都是一样的，平等的"，不管你的出身如何，学历怎样，现在从事哪种行业，你是否用灵魂来做好工作中的每件小事？

自己要做自己擅长的事，才能做得痛快，做得专业。

世界上还有很多事情，只要你把它做透了，做成专家，你就能够为自己创造成功的机会。做专才能做精，做精才能做好，做好才能做强，做强才能做大，做大才能做久。

在这个世界上，有很多人有许多优点，他们有良好的教育，头脑也很聪明，知识面也很广，但是很难做出很大的成就，问题的关键就是他们普遍存在着一个共同的缺点，那就是做事时没有做到尽善尽美，只要凑合就行了。因为他们在工作时没有追求卓越，追求100%，而是过多去想自己的工资和待遇。这样做事的态度，其结果是害了自己一辈子。

欲望太强烈，向往的东西太多，凡事都想抓住，也不管是不是能够抓住。就像那掰苞谷的猴子，想抓到更多，结果连手上这个也没有抓好。

古语说，十鸟在林，不如一鸟在手。世上看起来可做的事情很多，但真正能够做好的却少。人生的机遇，可能就只有那么一两次。因此，一生做好一件事，只要真正做好了，也就够了。

思维 2. 解读公司财务报表很重要

巴菲特寻找的是具有丰厚的利润并且利润呈上升趋势的公司。他感兴趣的企业应该是不仅其产品具有消费垄断的优势，而且公司管理人员还善于利用这一优势来提高公司的实际价值，为公司和股东创造更丰厚的利润。

巴菲特在考察和选择公司或企业的时候，喜欢财务政策保守的公司。所有的投资人都知道，公司的财务报表是最能够反映公司经营状况的资料，除非公司管理人员故意欺诈投资者，否则通过公司财务报表了解公司的经营业绩和经营状况十分有益。

巴菲特总会长时间地翻看和跟踪投资对象的财务报表和有关资料，以便了解上市公司的经营情况。对于一些复杂的难以弄明白的公司，他总是避而远之。

那么，我们需要解读公司哪些重要的财务分析指标呢？具体说来，包括以下几方面：

关注利润率和库存周转率

作为刚踏入股市的投资者，你可能对"利润率"和"库存周转率"感到很陌生。现在，我们以十分浅显的说法来对它进行解释。

一个公司和企业是如何赚钱的呢？简单说来有两种途径：一是提高利润率；另一种途径是尽可能提高库存周转率。这两种途径如果能够在公司的实际运转中结合起来，则会使公司或企业如虎添翼，大发其财。如果有一种途径得到实现，也能够使公司立于不败之地，获取很好的收益。

一个公司的利润和库存周转率高，说明这个公司在市场上的获利水准和获利能力很强，这是一个优质公司必须具备的条件。在股票投资中，我们可以通过考察利润率和库存周转率来选择优秀的公司。

同时，一个公司的高利润率和库存周转率常常表明该公司在市场上的重要地位。假如一个公司能够根据自己的需要提高自己的利润率，也就是说，能够自己做主为自己的产品定价，来提高自己的利润率，说明这个公司在市场上居于垄断地位，具有消费垄断优势。它相信即便自己提高产品价格，也不会吓跑消费者。同样的道理，如果一个公司的库存周转率很高，说明其产品在市场上很受欢迎，市场占有率很大。消费者总是选择该公司的产品进行消费，久而久之，该公司就会形成消费垄断，从而使它在市场上具有垄断优势。这类具有垄断优势的公司能够维持高额利润，从而为投资者带来丰厚的收益。

关注投入资本回报率

投入资本回报率就是每年投入现金所赚取的回报率，是指投入企业的现金所获得的报酬百分比。它衡量了企业经营资金的有效利用程度，因此它也显示出企业利用经营资金的有效程度。

例如，如果你的孩子们出200元建立了一个卖矿泉水的小生意，他们的"投入资本"就是200元。一周后，孩子们带回家300元。他们花钱采购了供应品，支付了薪水，制作了小广告传单。在减去这些开销的200元之后，他们的利润是100元。他们的投入资本回报率就是利润除以投入资本。只用了一周时间就获得了令人惊叹的回报率。相比之下，如果把这200元存入银行，每年利率为2%，那么一周之内他们的投资增长就会低于10分。我们来看一看：100元和10分，哪一个较好？

如果一个企业没有健全的投入资本回报率，那么就应该放弃。在关注投入资本回报率时,我们需要关注3个数字:1.近10年的平均数;2.近5年的平均数;3.近1年的平均数。有了这3个数字,你就能更好地了解该企业目前的状况。

关注权益资本收益率

投资者一般很重视公司年度报表中的上年度每股税后盈余,以此来评价公司的经营业绩。巴菲特则认为年度报表中的每股税后盈余可能是个烟幕弹,使投资者上当受骗,将劣质公司误当作优质公司来看待。因为在制作年度报表时,大多数公司或企业都保留了上年度的盈余用来增加股权资本。

假如一家公司在每股收益增长10%的同时,将股权资本同时增加10%,则每股盈余的增长就没有任何意义。

巴菲特更愿意用"权益资本收益率"——净利润与股东权益的比例来评价一家公司的经营业绩。巴菲特将所有资本性的收入和损失以及其他会增减利润的特殊事件全部排除在外,集中考察公司的经营利润。他特别关注的是,公司管理者利用现有的资本,通过经营究竟获得了多少利润,也就是说,利用已经投入的资本获得了多少利润。这是评价公司管理者获利能力的最好指标。

关注公司的经营成本

公司的经营成本,常常包括原材料价格成本、管理成本、销售环节的支出(广告、运输流通等)、税收等。考虑经营成本的时候,关注公司生产的原料价格、制造过程的开销,管理运作的花费、税收政策所确定的税收比例是十分必要的。

一个公司生产的产品原材料价格较低，产品的价格却较为可观，则具有明显的获利能力。公司的管理者讲究效率，高效运作，就会降低管理成本，使得行政管理的开销降到最低限度，增加公司利润。另一方面，管理人员廉洁奉公，也会降低管理成本。现在社会中诸多公司破产倒闭，常常起源于管理者贪婪和虚与委蛇、不务实。

所以，管理者如果作风务实，讲究效率，就会千方百计降低管理成本，管理成本降低了，也会提高公司利润。至于销售环节的成本则取决于公司所采取的销售手段是否高效、经济。如果公司具有节省、高效的销售方式，加上一批高效率的销售人员，则可能大大降低销售环节的成本，从而提高利润率。至于税收的高低，则取决于国家的税收政策。在挑选公司的时候注意那些具有"特许经营权"的优质公司，这类公司经营的产品常常是关乎国计民生的重要产品，在社会生活中不可缺少，它们常常享有垄断优势和优惠的政策。这类公司不但能够在经济不景气的情况下保持较高的利润，还能够保证长期赢利，带给投资人丰厚的利润。

一个公司的管理成本居高不下，则能够说明很多问题：公司管理人员的管理效能低下，这会给公司带来致命的打击，会给投资者的利益造成损害。这类公司最好避而远之。

公司的行销成本高，则说明公司销售不力，会降低公司的库存周转率，从而影响到利润。公司营运成本中的任何一项很高，都会影响到利润率，损害投资人的利益。所以，考察一个公司的财务报表，注意其经营成本，是了解公司是否具有高利润率的重要途径。

虽然解读公司的财务分析指标有些困难，但你还是得到了一些很有价值的东西。你现在已经知道足够的财务知识，以及如何更有意义地分析一家公司。你可以花费更多的时间研究财务分析指标隐蔽的问题和缺陷，这也相当重要。

思维 3. 投资要选择负债率低的公司

巴菲特在 1987 年的致股东函中提到，《财富》杂志里列出的 500 强企业都有一个共同点：它们运用的财务杠杆非常小，这和他们雄厚的支付能力相比显得非常微不足道。这充分证明了我的观点：一家真正好的公司是不需要借钱的。

巴菲特认为，一家优秀的企业必然能够产生持续充沛的自由现金流。企业应该靠这些自由现金流就能够维持企业运营，一家优秀的企业是不需要负债的。巴菲特觉得，投资者在选择投资目标时，一定要选择那些负债率低的公司。公司负债率越高，投资风险就越大。另外，投资者也要尽量选择那些业务简单的公司，像上文提到的那些优秀企业，大多数都还在销售着 10 年前的产品。

在巴菲特看来，能够每年创造高额利润的上市企业，其经营方式大多与 10 年前没什么差别，巴菲特投资或收购的公司大多都是这种类型的。伯克希尔公司旗下的子公司每年都在创造着优异的业绩，可是都从事着非常普通的业务。为什么普通的业务还能够做得如此成功？巴菲特认为，这些子公司优秀的管理层把普通的业务做得不再普通。他们总是想法设法保护企业本身的价值，通过一系列措施来巩固原有的优势；他们总是努力控制不必要的成本，在原有产品的基础上不断尝试研发新产品来迎合更多的顾客。正因为他们充分利用现有产业的地位或者致力于在某个品牌上努力，所以他们创造了高额利润，产生了源源不断的自由现金流，且具有极低的负债率。

零负债率的波珊珠宝公司

巴菲特在1990年的致股东函中指出：去年对零售业来说是非常难熬的一年，尤其是单价高的商品。可是波珊珠宝店却是一个特例。这一年波珊珠宝店的业绩不仅没有下降，还增长了18%。这是单店也是全店的业绩，因为波珊只此一家，从无分店。

波珊珠宝公司取得如此骄傲的业绩令巴菲特赞叹不已，当他收购波珊珠宝公司的时候，他就非常清楚，波珊珠宝公司一定能为伯克希尔谋取高额的利润。为什么巴菲特如此肯定？因为波珊珠宝公司是个没有负债的公司，而这样的公司，正是巴菲特心目中的好公司。

波珊珠宝公司是1870年由刘易斯·波珊创办的。1947年，艾克·福莱德曼和他的妻子买下了该公司，他妻子是内布拉斯加家具店的罗丝·布拉姆金夫人的妹妹。在经营该公司时，他们也遵循着"不要高价讲实话"的商业原则。他们一方面非常注意节约开支，另一方面努力提升销售量，商店营业收入在周日平均达到了2500美元，销售旺季可达3000美元。由于其价格实惠，很多顾客专门从几百里之外来这里购物。此外，波珊珠宝公司还有一个强大的邮寄购物系统，这大大节约了公司的销售成本。别的珠宝公司销售成本大概占40%，而波珊珠宝公司的成本仅占18%。巴菲特对波珊珠宝公司产生收购兴趣，是一件非常偶然的事情。1988年12月6日圣诞大采购中，巴菲特偶然到该商店购买一枚戒指，正巧被唐纳德·耶尔（波珊珠宝公司后来的CEO）看到。他大声说道："不要卖给他那个戒指，把这家商店卖给他。"几个月后，巴菲特问他们是不是真的想卖这家商店，经过两次非常简短的会晤，双方以6000多万美元的价格达成交易。

后来唐纳德·耶尔谈起这次交易，说双方会谈的实质性部分只有10分钟，巴菲特提出了关于销售情况、纯利润、费用支出、货存状况的4个问题，最后一个问题是询问他们是否愿意留下来。而波珊珠宝公司负责人艾克·福莱德曼连账本都没看就很流利地回答出了所有问题。然后巴菲特让艾克·福莱德曼开了一个收购价，接着很幽默地说："现在请你们把刚才发生的事情统统忘掉，还像以前一样继续工作吧。"

通常在收购的时候巴菲特都会询问负债情况，而在收购波珊珠宝公司的过程中巴菲特并没有提及，因为巴菲特早已知晓，波珊珠宝公司没有负债，而零负债正是巴菲特如此钟情波珊珠宝公司的重要原因之一。巴菲特说，他只和少数几家企业以这种方式做成生意，内布拉斯加家具店也是其中之一，而这其中并没有一家世界500强企业。

巴菲特收购波珊珠宝公司首先看重的就是它的零负债。在巴菲特看来，一个公司没有负债是非常吸引投资者的目光的，投资者在寻找投资目标时，也要多注意那些没有负债或者负债率很低的公司。

一些人觉得巨额的债务能够让公司经理人更专注于经营，就像一位驾驶员驾驶着一辆轮胎上插着一支匕首的危险车一样，我们都相信这位驾驶员一定会小心翼翼地开车。但是有一点我们不能忽视，那就是这样的车子本身危险性就很大，一旦车子碰到一个小坑就会造成致命的车祸。而在商业这条大道上，到处都是坑坑洼洼，想要驾驶着这样一辆车顺利避开所有的坑坑洼洼，实在是太困难了，巴菲特如是说。

巴菲特认为，一个好的企业并不需要很高的负债率，否则企业面临的风险就比较大，就像一辆不安全的车驶过一条坑坑洼洼的路一样，处处充满了危机。投资者在购买股票时一定要尽量避开负债率很高的企业。

现在有很多人信奉负债经营理论。他们认为，负债经营不但可以有效地降低企业的加权平均资金成本，还可以通过财务杠杆，为企业带来更高的权益资本收益率。但巴菲特认为，负债经营并不是很稳妥的经营方式。好公司或是好的投资决策，即使不靠财务杠杆，最后也一定能够得到令人满意的结果，如果为了一点额外的报酬，就将企业机密信息暴露在不必要的风险下是非常愚蠢的。

1997年八佰伴国际集团宣布破产。闻名于日本乃至世界的八佰伴集团发展历史曲折艰辛，充满传奇，它的创始人阿信之子——和田一夫，使八佰伴从一个乡村菜店一步步发展为日本零售业的巨头。在全盛期，八佰伴拥有员工近3万人，在16个国家和地区拥有450家超市和百货店，年销售额达5000多亿日元。八佰伴破产发生在亚洲国家地区受金融风暴冲击，经济向下调整时期，虽然有种种外部不利因素导致八佰伴经营的失败，然而主要的原因却是八佰伴扩张速度过快，负债过高。据香港八佰伴的年报资料显示，在1988年八佰伴应付贸易欠账只有300多万元，不足营业额的1%。但到1997年，八佰伴拖欠的应付贸易账，已增至近5.5亿港元，相当于营业额的13.5%，总负债更高达10.24亿港元。最终八佰伴不堪重负，以破产收场。

而1987年伯克希尔公司的净值增加了4.46亿美元，较前一年增加了19.5%。而水牛城报纸、费区海默西服、寇比吸尘器、内布拉斯加家具、史考特飞兹集团、喜斯糖果公司与世界百科全书公司这7家公司在1987年的税前利润高达1.8亿美元。重要的是这7家公司的负债比例都非常的低。若把这7家公司视作一个公司，则税后净利润约为1亿美元，股东权益投资报酬率将高达57%。这是一个非常令人惊艳的成绩。即使在那些财务杠杆很高的公司，你也找不到这么高的股东权益投资报酬率。在全美五百大制造业与五百大服务业中，只有6家公司过去10年的股东权益报酬率超过30%，最高的一家也不过只有40.2%。正是由于这些公司极低的负债率，才使得他们的业绩如此诱人。

由此可见，负债经营对于企业来说犹如"带刺的玫瑰"。玫瑰上有非常多的刺，你怎么能够确信自己就能小心地不被刺扎到呢？最好的方法就是尽量选择没有"刺"或者"刺"非常少的企业，这样我们的胜算才会大一些。

记住巴菲特的话："好公司是不需要借钱的。"虽然我们不能仅从一个公司的负债率来判定公司的好坏，但如果一个公司能够在极低的负债率下还拥有比较亮眼的成绩，那么这个公司就值得我们好好考虑了。

思维 4. 考虑经济政策对股市的影响

"过去的一年是非常奇异的一年,我们的经济面对的是金融风暴。我认为政府做出了正确的决策,及时的行动。但是政府未来的前景还是困难重重的,因为经济经历过金融风暴,所以没有人可以要求完美的回报。"这是巴菲特在2008年年度股东大会上的讲话。

巴菲特在描述了他短期的痛苦之后,依然对长远的前景保持着乐观的信心。但实际上金融风暴这一年对于巴菲特先生来说也是非常艰难的,他的伯克希尔公司的投资价值损失了10%,而他本人的财富也减少了250亿美元(170亿英镑)。在2008年伯克希尔公司的表现是过去40年以来最差的一年,比如,他在2008年买下了石油公司Conocohillips的大笔股票,而没多久石油价格的暴跌使他损失了30亿美元。虽然,面临着这么多的损失和困难,但是伯克希尔公司和同样在过去一年里损失惨重的其他投资公司相比,还是相对较好的。而巴菲特先生也表示他将会长期持有他所有的投资直到经济回升,也就是说直到他的投资赢利为止。

可见经济环境对股市的影响是极为严重的。同样的,如果国家经济政策对股市进行刺激,那么股市也会复苏。通常所说的经济政策通常包括货币政策和财政政策。

1. 货币政策对股市的影响

货币政策是政府调控宏观经济的基本手段之一。由于社会总供给和总需求的平衡与货币供给总量与货币需求总量的平衡相辅相成,因而宏观经济调控重点必然立足于货币供给量。货币政策主要针对货币供给量的调节和控制展开，进而实现诸如稳定货币、增加就业、平衡国际收支、发展经济等宏观经济目标。

货币政策对股票市场与股票价格有着非常大的影响。宽松的货币政策会扩大社会上货币供给总量，对经济发展和证券市场交易有着积极影响。但是货币供应太多又会引起通货膨胀，使企业发展受到影响，使实际投资收益率下降；紧缩的货币政策则相反，它会减少社会上货币供给总量，不利于经济发展，不利于证券市场的活跃和发展。

另外，货币政策对投资者的心理影响也非常大，这种影响对股市的涨跌又将产生极大的推动作用。

2. 财政政策对股市的影响

除货币以外，政府调控宏观经济的另一种基本手段是财政政策。财政政策对股市的影响也是不可忽视的。下面将从税收、国债两个方面进行论述。

（1）税收

税收是国家为维持其存在、实现其职能而按照法律预先规定的标准，强制地、无偿地、固定地取得财政收入的一种手段，也是国家参与国民收入分配的一种方式。通过税收总量和结构的变化，国家财政可以调节证券投资和实际投资规模，抑制社会投资总需求膨胀或者补偿有效投资需求的不足。

对证券投资者的调节可通过税收杠杆来实现。简单说来，即是通过对证券投资者的投资所得规定不同的税种和税率来影响投资者的税后实际收入水平，从而起到鼓励、支持或抑制的作用。一般说来，企业从事证券投资所得收益的税率应高于个人证券投资收益的税率，这样可以促使企业进行实际投资即生产性投资。税收对股票种类选择也有影响。不同的股票有不同的客户，纳税级别高的投资者愿意持有较多的收益率低的股票，而纳税级别低和免税的投资者则愿意持有较多的收益率高的股票。

高税率会对股票投资产生消极影响，因为税征得越多，企业用于发展生产和发放股利的盈余资金越少，投资者用于购买股票的资金也越少，投资者的投资积极性也会下降。相反，低税率或适当地减免税则可以扩大企业和个人的投资与消费水平，从而刺激生产发展和经济增长。

（2）国债

国债作为一种财政信用调节工具对股票市场也有着重要的影响。首先，国债本身是构成证券市场上金融资产总量的一个重要部分。由于国债的信用程度高、风险水平低，如果国债的发行量较大，会使证券市场风险和收益的一般水平降低。其次，国债利率的升降变动，严重影响着其他证券的发行和价格。当国债利率水平提高时，投资者就会把资金投入既安全、收益又高的国债上。

因此，国债和股票是竞争性金融资产，当证券市场资金总体稳定或增长有限时，过多的国债势必会影响到股票的发行和交易量，导致股票价格的下跌。

投资者应该注意的是，虽然货币政策和财政政策对股市起着重要的调节作用，各种费率的改变能够对股民的投资起到直接性的刺激作用。这种影响在中国股市表现得尤其明显，在慢牛或是熊市中，就算是再小的费率调整也能给股民带来上涨的希望。因为中国的股市还没有完全成熟。由经济政策引发股民的心理上的影响是不容忽视的，所以在经济环境改变的情况下，投资者应该密切关注经济政策对股市产生的影响。

思维 5. 价值评估指标

在对股票进行价值评估时，我们也可以利用其他重要的价值评估指标：基于资产的价值评估方法和相对价值评估方法。

基于资产的价值评估方法是根据公司资产的价值来确定公司股票的价值。常用的评估方法有账面价值调整法、清算价值法、重置成本法。

账面价值调整法

最为简单直接的资产价值分析方法是根据公司提供的资产负债表中的账面价值进行估算。但账面价值法的一个明显缺点是：资产负债表中的资产和负债的账面价值很有可能不等于它们的市场价值。

（1）通货膨胀使得资产的市场价值并不等于其历史成本价值减去折旧。

（2）技术进步使得某些资产在其折旧期满或报废之前就已过时贬值。

（3）由于公司形成的组织能力对各项资产有效的合理组合，公司多种资产组合的整体价值会超过各项单独资产价值之和，而这种组织能力的价值在公司账面上并没有反映。

因此，在进行资产价值分析时，需要对账面价值进行调整，以反映公司资产的市场价值。常用的调整方法有重置成本法、清算价值法。

清算价值法

清算价值法认为，公司价值等于公司对所有资产进行清算并偿还所有负债后的剩余价值。清算价值与公司作为持续经营实体的经营价值往往相差很大。如果公司处于衰退产业，公司赢利能力大幅度下滑，这时公司清算价值可能会大大高于公司经营价值。如果公司处于成长产业，公司赢利能力不断提高，这时公司清算价值可能会大大低于公司经营价值。

实际上，对于有活跃二手市场的相应资产，清算变卖价格就等于二手市场价格。但大多数资产并没有相应的二手市场，只能由评估师进行估算，而估算并不一定容易。同时，清算价值法也忽略了组织能力。而且只有在破产等少数极端情况下，公司才会花费大量时间和精力进行估算，清算变卖价值。

重置成本法

重置成本法是最常用的资产价值评估方法。将一项资产的赢利能力与其遥远的历史成本相联系很难，但与其当前的重置成本相联系却很容易。

确定重置成本的一种简单的、主要针对通货膨胀进行调整的方法，是选用一种价格指数，将资产购置年份的价值换算为当前的价值。但价格指数法并没有反映资产的过时贬值与资产价格的变化，所以更好的方法是，逐项对每一项资产进行调整，同时反映通货膨胀和过时贬值这两个因素的影响，以确定各项资产真正的当前重置成本。

重置成本法的最大不足是忽略了组织能力。公司存在的根本原因是：运用组织能力，按照一定的方式组合资产和人员，使公司整体的价值超过各项资产单独价值的总和。但重置成本法无论如何完美，也只能反映各项资产单独价值的总和，却忽略了公司组织能力的价值。

除了以上的基于资产的价值评估方法外，我们也可以利用相对价值评估方法。

相对价值评估方法是根据公司与其他"相似"公司进行比较来评估公司的价值。一般的方法是对公司的重要财务指标进行比较，常用的指标是市盈率、市净率、市销率等指标。

市盈率

市盈率是指股票市价与公司每股收益的比率，常用的是股票市价与未来一年公司每股收益的比率。

使用市盈率最容易的办法就是把它和一个基准进行比较，例如同行业中的其他公司、整个市场或者同一公司的不同时间点。一家公司以比它的同行低的市盈率交易可能是值得买入的，但是要记住，即使相同行业的公司可能也有不同的资本结构、风险水平和增长率，所有这些都影响市盈率。所有其他因素相同的情况下，一个成长迅速、负债较少和再投资需求较低的公司，即便市盈率较高，也是值得投资的。

你也可以把一只股票的市盈率与整个市场的平均市盈率进行比较。你正在调查研究的公司也许比市场的平均水平增长更快（或者更慢），也许它更有风险（或者风险更低）。大体上，把一家公司的市盈率和同行业的公司或者与市场比较是有价值的，但是这些不是你可以依赖的最后决定买入或者卖出的方法。

把一只股票现在的市盈率和它的历史市盈率比较也是有用的，尤其对那些比较稳定的、业务没有经历大的变化的公司来说更是如此。如果你看到一家稳定的公司以大致相同的速度成长，同时和过去有大致一样的预期，但是它以一个比长期平均水平低的市盈率交易，你就可以开始关注它了。它有可能是风险水平或者业务前景有了变化，这是导致低市盈率的正当理由，也可能是市场以一个非理性的低水平给股票标价导致了低市盈率。

市盈率的优点是对于现金流来说，会计赢利能更好地取代销售收入的会计意义，而且它是比账面价值更接近市场的数据。此外，每股赢利数据是相当容易取得的，从任何财务数据中都可以得到，所以市盈率是一个容易计算的比率。

市盈率也有一个很大的缺点，例如，市盈率 20 是好还是坏，难以回答，使用市盈率只能在一个相对的基础上，这意味着你的分析可能被你使用的基准扭曲。

所以，让我们在一个绝对水平上考察市盈率。是什么导致一家公司有更高的市盈率？因为风险、成长性和资本需求是决定一只股票市盈率的基础，具有较高的成长性的公司应该有一个更高的市盈率，高风险的公司应当有一个较低的市盈率，有更高资本需求的公司应当有一个较低的市盈率。

市净率

市净率是指公司股票价格与每股平均权益账面价值的比率。这种投资理念认为固定的赢利或者现金流是短暂的,我们真正能指望的是公司当前有形资产的价值。巴菲特的导师格雷厄姆就是使用账面价值和市净率对股票进行估值的著名倡导者。

尽管市净率在今天还有某些效用,但是现在,很多公司通过无形资产创造价值,比如程序、品牌和数据库,这些资产的大部分是不能立刻计入账面价值的。特别是对于服务性企业,市净率没有任何意义。例如,如果你用市净率去给 eBay 公司估值,你将无法按照极少的账面价值去评估公司的市场垄断地位,因为无形资产是导致该公司如此成功的最大因素。市净率也可能导致你对一家像 3M 公司这样的制造业企业进行错误估值,因为 3M 公司的价值大部分来源于它的品牌和创新的产品,而不是来自工厂的规模和存货的质量。

因此,当你考察市净率的时候,要知道它与净资产收益率相关。一家相对于同行或市场市净率低且有高净资产收益率的公司可能是一个潜在的便宜货,但是在你单独使用市净率给股票估值之前,还要做某些深度挖掘工作。

不过,市净率在给金融性服务公司估值时是很好用的,因为大多数金融性公司的资产负债表上都有大量的流动性资产。金融性公司的好处是账面价值的资产是以市场价标价的,换句话说,它们每个季度按照市场价格重新估值,这就意味着账面价值与实际价值相当接近。(相反,一家工厂或者一块土地记录在资产负债表上的价值是公司支付的价格,这与资产的现值有很大的不同。)

只要你确信公司的资产负债表上没有巨额的不良贷款,市净率可能是一个筛选价值被低估的金融股的可靠路径。要牢牢记住金融类公司股票以低于账面价值交易(市净率低于1.0)常常预示公司正在经历某种麻烦,所以在你投资之前要仔细研究这家公司的账面价值到底有多可靠。

市销率

市销率是用现在的股票价格除以每股的销售收入。市销率反映的销售收入比财务报表中的赢利更真实,因为公司使用的会计伎俩通常是想方设法推高利润。另外,销售收入不像利润那样不稳定,一次性的费用可能临时性地压低利润。对于处于经济周期底线的公司,一年到另一年中利润的这种变化可能非常显著。

通过把当前市销率与历史市销率比较,变化较小的销售收入使市销率在相对利润变化较大的公司进行快速估值方面变得更有价值。对于含金量不一的利润指标的评估,市盈率不能给我们很多帮助。但是在相同的时间段,销售收入没有如此多的变化,这就使市销率派上了用场。

可是,市销率也有一个大的缺点,销售收入的价值可能很小也可能很大,这取决于公司的赢利能力。如果一家公司披露有数十亿美元销售收入,但每一笔交易都亏损,我们盯住股票的市销率会比较困难,因为我们对公司将产生什么水平的收益没有概念。这是每天使用销售收入作为市场价值的代替的缺陷。

一些零售商是典型的毛利率较低的公司，也就是说它们只把每一美元销售收入中很小的比例转化成利润，市销率很低。例如，一家一般水平的杂货店在2003年中期的市销率大约是0.4，然而一个平均水平的医疗器材公司的市销率在4.32左右。造成这种巨大差别的原因不是杂货店毫无价值，而是因为一般水平的杂货店只有2.5%的销售净利率，而一般水平的医疗器材公司的销售净利率则在11%左右。一家杂货店的市销率如果达到1.0，那一定是被可笑地高估了，但一家医疗器材制造商有同样的市销率将被认为是一只绝对便宜的股票。

尽管市销率在你研究一家利润变化较大的公司时可能是有用的，因为你可以比较当前的市销率和历史的市销率，但它不是你能够依赖的指标。尤其不要比较不同行业公司的市销率数据，除非这两个行业有水平非常相似的赢利能力。

总之，资产价值评估方法和相对价值评估方法都不适用于持续竞争优势企业，这是因为：持续竞争优势企业的根本特征是，以较少的资产创造更多的价值，其资产价值往往大大低于公司作为持续经营实体的经营价值。另外，持续竞争优势企业除了账面上反映的有形资产外，其品牌、声誉、管理能力、销售网络、核心技术等重要的无形资产却根本不会在账面上反映，也很难根据重置成本或清算价值进行评估。

还有，持续竞争优势企业的根本特征在于其具有与同行业其他企业根本不同的特点，从而具有超出产业平均水平的赢利能力，这种

"不相似性"使我们很难根据行业平均市盈率(市净率、市销率)水平来确定持续竞争优势企业相对的合理市盈率(市净率、市销率)水平。因此,资产价值评估方法和相对价值评估方法从根本上都不适用于持续竞争优势企业价值的评估。

思维6.对现金流量进行评估

要进行准确的价值评估,必须进行以下3种正确的选择:

第一,选择正确的估值模型——现金流量贴现模型。

第二,选择正确的现金流量定义和贴现率标准。

第三,选择正确的公司未来长期现金流量预测方法。

选择正确的估值模型——现金流量贴现模型

准确进行价值评估的第一步是选择正确的估值模型。巴菲特认为,唯一正确的内在价值评估模型是1942年约翰·伯尔威廉姆斯提出的现金流量贴现模型。

"在写于50年前的《投资价值理论》中,约翰·伯尔威廉姆斯提出了价值计算的数学公式,这里我们将其概括为:今天任何股票、债券或公司的价值,取决于在其资产的整个剩余使用寿命期间预期能够产生的、以适当的利率贴现的现金流入和流出。请注意这个公式对股票和债券来说完全相同。尽管如此,两者之间有一个非常重要的,也是很难对付的差别:债券有一个息票(coupon)和到期日,从而可以确定未来现金流。而对于股票投资,投资分析师则必须自己估计未来的'息票'。另外,管理人员的能力和水平对于债券息票的影响甚少,主要是在管理人员无能或不诚实，导致暂停支付债券利息的时候才有影响。与债券相反，股份公司管理人员的能力对股权的'息票'有巨大的影响。"

其实，关于股票的价值评估方法有很多种，那么，巴菲特为什么认为贴现现金流量模型是唯一正确的估值模型呢？只有贴现现金流量模型才能比较准确地评估具有持续竞争优势的企业的内在价值。而且它是最严密、最完善的估值模型。这是因为：

（1）该模型是建立在对构成公司价值的业务的各个组成部分创造的价值进行评估的基础上，计算公司权益价值。这样可以使投资者明确和全面了解公司价值的来源、每项业务的情况及价值创造能力。

（2）公司自由现金流量的多少反映了竞争优势水平的高低，产生自由现金流量的期限与竞争优势持续期相一致，资本成本的高低也反映了竞争中投资风险的高低。

（3）该模型非常精密，能处理大多数的复杂情况。

（4）该模型与多数公司熟悉的资本预算编制过程相一致，计算也比较简单，易于操作。

选择正确的现金流量定义和贴现率标准

准确进行价值评估的第二步是选择正确的现金流量定义和贴现率标准。

巴菲特认为："今天任何股票、债券或公司的价值，取决于在资产的整个剩余使用寿命期间预期能够产生的，以适当的利率贴现的现金流入和流出。"也许你会因此认为巴菲特使用的内在价值评估模型与我们在财务管理课程中学习的现金流量贴现模型完全相同。实际上二者具有根本的不同。

巴菲特认为通常采用的"现金流量等于报告收益减去非现金费用"的定义并不完全正确，因为这忽略了企业用于维护长期竞争地位的资本性支出。

巴菲特并没有采用常用的加权平均资本成本作为贴现率，而采用了长期国债利率，这是因为他选择的企业需要具有长期持续竞争优势。

选择正确的公司未来长期现金流量预测方法

可以肯定的是，投资人要得出一个证据充分的正确结论，需要对公司经营情况有大致的了解，并且需要具备独立思考的能力。但是，投资者既不需要具备什么出众的天才，也不需要具备超人的直觉。在很多时候，即使是最聪明的投资人都没有办法提出确凿的证据，即使是在最宽松的假设下仍是如此，这种不确定性在考察新成立的企业或是快速变化的产业时经常发生。在这种非常不确定的情况下，任何规模的投资都属于投机。

正是基于这些原因，巴菲特认为，防止估计未来现金流量出错有两个保守却可行的办法：能力圈原则与安全边际原则。"尽管用来评估股票价值的公式并不复杂，但分析师，即使是经验丰富且聪明智慧的分析师在估计未来现金流时也很容易出错。在伯克希尔，我们采用两种方法来对付这个问题。第一，我们努力固守于我们相信可以了解的公司。这意味着他们的业务本身通常具有相当简单且稳定的特点，如果企业很复杂而产业环境也在不断变化，那么，我们就实在是没有足够的聪明才智去预测其未来的现金流量。碰巧的是，这个缺点一点也不会让我们感到困扰。对于大多数投资者而言，重要的不是他到底知道什么，而是他们真正明白自己到底不知道什么。只要能够尽量避免犯重大的错误，投资人只需要做很少几件正确的事情就足可以保证赢利了。第二，亦是同等重要的，我们强调在我们的买入价格上留有安全边际。如果我们计算出一只普通股的价值仅仅略高于它的价格，那么，我们不会对买入它产生兴趣。"

总的说来，利用现金流量进行评估是股票价值评估中非常重要的参数，其选择是否恰当将对评估结果和投资判断产生巨大的影响。关于贴现率（在学术研究中大多称为资本成本）存在非常激烈的争论，单单看看关于资本成本研究文献的巨大数量就会让你对财务学家的辛勤劳动产生崇高的敬意，也对其研究成果在投资中应用效果的微不足道产生非常大的吃惊。

巴菲特之所以认为利用现金流量评估是简单有效的，是因为：

第一，巴菲特把一切股票投资都放在与债券收益的相互关系之中来看待。如果他在股票上无法得到超过债券的潜在收益率，那么，他会选择购买债券。因此，他的公司定价的第一层筛选方法就是设定一个门槛收益率，即公司权益投资收益率必须能够达到政府债券的收益率。

第二，巴菲特并没有浪费精力试图去为他研究的股票分别设定一个合适的、唯一的贴现率。每个企业的贴现率（资本成本）是动态的，它们随着利率、利润估计、股票的稳定性以及公司财务结构的变化而不断变动。对一只股票的定价结果，与其做出分析时的各种条件紧密相关。但是几天之后，可能会出现新的情况，迫使一个分析家改变贴现率，并对公司做出不同的定价。为了避免不断地修改模型，巴菲特总是很严格地保持他的定价参数的一致性。

第三，如果一个企业没有任何商业风险，那么，它的未来赢利就是完全可以预测的。在巴菲特眼里，可口可乐、吉列等优秀公司的股票就如同政府债券一样毫无风险，因此，应该采用一个与国债利率相同的贴现率。

思维 7. 运用概率估值

巴菲特曾说过："用概率来思考，不管是主观概率还是客观概率，都使投资者对所要购入的股票进行清醒和理智的思索。"

如果我们说股票市场是一个无定律的世界，那么此话就过于简单了。在这个世界里成千上万的力量结合在一起才产生出了各种股票价格，这些力量随时处于变动状态，任何一股力量对股票价格都会产生影响，而没有任何一股力量是可以被准确地预测出来的。投资人的工作就是正确评估各种股票价格变化的可能性，判断股票价格变化带来的损失与收益，并从中选择最具有投资价值的股票。

不管投资者自己是否意识到了，几乎所有的投资决策都是概率的运用。巴菲特的投资决策也应用了概率论，并巧妙地加进了自己的理解。

巴菲特说:"先把可能损失的概率乘以可能损失的量,再把可能获利的概率乘以可能获利的量,然后比较两者。虽然这方法并不完美,但我们会尽力而为。"

要把概率理论应用到实际投资当中去,还需要对数字计算的方法有更深刻的理解。

掷硬币猜中头像一面的概率为1/2,这意味着什么呢?或者说掷骰子单数出现的概率为1/2,这又是什么意思呢?如果一个盒子里装有70个绿色大理石球,30个蓝色大理石球,为什么蓝色大理石球被捡出的概率为3/10?上面所有的例子在概率发生事件中均被称为频率分析,它是基于平均数的法则。

如果一件不确定事件被重复无数次,事件发生的频率就会被反映在概率中。例如,如果我们掷硬币10万次,预计出现的头像的次数是5万次。注意我没有使用它将等于5万次。按无限量大的原理,只有当这个行为被重复无数次时,它的相对频数与概率才趋向于相等。从理论上讲,我们知道投掷硬币得到"头像"这一面的机会是1/2,但我们永远不能说两面出现的机会相等,除非硬币被掷无数次。

澄清投资与概率论之间的联系的一个有用例证是风险套购的做法。

根据《杰出投资家文摘》的报道,巴菲特对风险套购的看法与斯坦福商学院的学生的看法是相同的。巴菲特解释道:"我已经做了40

年的风险套购，我的老板格雷厄姆在我之前也做了30年。"风险套购从纯粹意义上讲，不过是从两地不同市场所报的证券差价中套利的做法。比方说，同种商品和货币在全世界不同的市场上报价，如果两地市场对同种商品的报价不同，你可以在这个市场上买入，在另一个市场上卖出，并将这其中的差额部分装入自己的腰包。

风险套购已成为目前金融领域普遍采用的做法，它也包括对已宣布并购的企业进行套购。但对此巴菲特说："我的职责是分析这些（已宣布并购）事件实际发生的概率，并计算损益比率。"

巴菲特常运用主观概率的方法来解释自己的决策过程。巴菲特说："如果我认为这个事件有90%的可能性发生，它的上扬幅度就是3美元，同时它就有10%的可能性不发生，它下挫的幅度是9美元。用预期收益的2.7美元减去预期亏损的0.9美元就得出1.8美元（3×90%–9×10%=1.8）的数学预期收益。"

接下来，巴菲特认为必须考虑时间跨度，并将这笔投资的收益与其他可行的投资回报相比较。如果你以每股27美元的价格购买阿尔伯特公司的股票，按照巴菲特的计算，潜在收益率为6.7%（1.8美元除以27美元）。如果交易有望在6个月内实现，那么投资的年收益率就是13.2%。巴菲特将会把这个风险套购收益率同其他风险投资收益进行比较。

通常，风险套购会隐含着潜在损失。巴菲特承认："拿套利作为例子，其实我们就算在获利率非常确定的并购交易案中亏损也无所谓，但是我们不愿意随便进入一些预期损失概率很大的投资机会。为此，我们希望计算出预期的获利概率，从而能真正成为决定是否投资此标的唯一依据。"

由以上我们看出，巴菲特在风险套利的概率评估上是相当主观的。风险套利并无实际获利频率可言，因为每一次交易都不同，每一种情况都需要做出不同的独立评估。但即使如此，理性的数学计算仍能显示出风险套利交易中的获利期望值高低。

从以上我们可以总结出如何在投资中运用概率论：

（1）计算概率。

（2）根据新的信息调整概率。

（3）随着概率的上升，投资数量也应加大。

（4）只有当成功的概率完全对你有利时才投资。

不管投资者自己是否意识到了，几乎所有的投资决策都是概率的应用。为了成功地应用概率原理，关键的一步是要将历史数据与最近可得的数据相结合。

但是，也有投资者会认为，巴菲特的投资战略之所以有效是因为他有这个能力，而对那些没有这种数学能力的一般投资者，这个战略就无效。实际上这是不对的。实施巴菲特的投资战略并不需要投资者学习高深的数学。在一次由《杰出投资家文摘》报道的在南加州大学的演讲中，巴菲特的好友、伯克希尔公司的副主席蒙格解释道："这是简单的代数问题，学起来并不难。难的是在你的日常生活中几乎每天都应用它。费马帕斯卡定理（概率理论）与世界的运转方式是完全协调的。它是基本的事实，所以我们必须掌握这一技巧。"

那么，我们在投资中努力学习概率论是否值得呢？答案是肯定的。因为巴菲特的成功就与其概率计算能力有密切的联系。假如投资者也能学会从概率的角度思考问题，你从此就会踏上获利之路，并能从自身的经验中吸取教训。

第二章
安全投资——把风险降到最低

安全边际原则是由巴菲特的导师格雷厄姆首先提出来的。经过巴菲特的实践和发展,它似乎已成为了股市投资者的护身符。关于安全边际对投资的重要程度,巴菲特说过这样一句话:"在一个不理性的股市中,股票投资总是有风险的,可是只要有足够的安全边际,就会把投资风险降到很小很小,甚至几乎没有。"

思维 8. 打好本金的防守反击战

足球场上有一种战术，叫作防守反击战，即首先立足于防守，使自己立于不败之地，然后伺机寻求机会进行反击。在现代足球中，这往往是一种有效的战略战术，尤其是在双回合的淘汰赛中，执行此战术的球队往往能有更大的获胜机会。

投资领域也是如此，投资者要想使自己的投资获得收益，一个必要的前提就是避免风险。试想：如果跌入陷阱，误入圈套，连本金都失去了，又如何赚钱呢？只有充分保护本金的安全，才能使自己立于不败之地。

在经历了20世纪20年代末的那场大股灾之后，巴菲特的老师格雷厄姆总结出了两条投资秘诀，这两条秘诀也是巴菲特在很多场合都喜欢引用的一句话，那就是："投资的第一条准则是永远不要赔钱；第二条准则是永远不要忘记第一条。"

在华尔街生存，每个投资人都要知道的一句话是："投资首先是学习如何保护投资，而不是如何赚大钱。"因为如果投资1美元，赔了50美分，手上只剩一半的钱，除非有百分之百的收益，才能回到起点。

巴菲特认为，投资至少要先保住本金，然后才能追求获利。在投资市场，保住本金永远是第一位的。在许多人眼中，如果赔了钱，大都会计算损失了多少钱，而巴菲特计算的不仅仅是损失了的这些钱，还包括本来可能得到的东西。他曾在伯克希尔公司的一次年会上说："我最糟的决策就是在20岁的时候去了一家加油站工作，那让我损失了20%的净资产，我估计那家加油站让我损失了大约8亿美元。"

华尔街的很多专家批评过巴菲特的这种投资法则是一种限制性策略，会限制投资人的选择。

其实，将保住资本作为第一原则并不意味着不投资，保住本金和赚钱并不矛盾。巴菲特重视的是长期效益，他从来不会把每一笔投资都看成离散的、个别的事件。他关注的是投资过程，而保住资本是这个过程的基础。保住资本已经内化到了他的投资方法中，是他所做的每一件事的依据。

这并不是说巴菲特在考虑每一笔投资时总是会首先问：我怎么才能保住我的本金？事实上，在做出投资决策的那一刻，他可能都不会想到这个问题。例如，在人们驾车去某地的时候，首先想的是如何到某地，而不会去想怎么保命。然而，保命的目标却是人们开车方式的基础。

同样的道理，巴菲特不需要去考虑保住本金，在他的投资法则下，他自然能保住本金，就像人们靠保持车距来避免出车祸一样。巴菲特总是投资于"高概率事件"，他不会投资于其他任何东西。如果你投资于"高概率事件"，你肯定能赢利。而损失的风险微不足道，甚至有时候根本不存在。

巴菲特认为，虽然股市风险是客观存在的，但也不是不能够避免的。那么，投资者应该怎样保住本金，避免投资风险呢？在此，我们可以聆听巴菲特的忠告。

（1）投资自己熟悉的股票。这是巴菲特投资操作中的一条重要原则。这一道理看似非常简单，但在实际操作中却很少有人做到。原因之一就在于大多数投资者在实际操作中常常带有过多的主观感情色彩，所以缺乏足够的客观性。表面上看，投资者购买某只个股似乎有十分充足的理由，但仔细分析，就会发现这些理由都只能从一个侧面反映问题，根本经不住推敲。原因之二，面对突如其来的行情，没有一定心理准备的投资者往往经不起诱惑，匆忙买进自己根本不熟悉的股票。

（2）做中长线投资。中长线投资符合经济和股市发展规律。实践也证明了中长线投资的收益要比短线投资大得多。盲目追涨杀跌的弊端首先是要多交手续费；其次，追涨不一定能获利，而杀跌则亏损是必然的。追涨杀跌的结果，只能是一场空忙，甚至导致本金亏损。

（3）购买绩优成长股。购买绩优、具有成长性的个股，避免业绩差又无发展潜力而遭市场冷落的个股。买入绩优、有发展潜力、调整比较充分的个股，经过一段时间，就可以获得比较丰厚的回报，就算一旦被套，解套获利之日也不会等待太久。反之，买了那些业绩差、无发展潜力又处于高位的个股，就有可能长期被套而难以收回本金。有效回避风险的一个重要手段是购买绩优成长股。当然，这里有购买时机和购买价格的选择问题，如果在不适当的时机以不适当的价格买入，也有可能损失本金。

（4）看准时机，及时逃顶。即选择大市、个股调整比较充分的时机入市，避免大市和个股见顶回调的风险。大市和个股的走势是波浪式前进的，正如大海的波浪有波谷和波峰一样，大市和个股的走势也有底部和顶部之分。当大市和个股在一段时间里有较大升幅时，就算没有政策的干预或其他重大利空消息，技术上的调整也是必要的。通常而言，升幅越大，其调整的幅度也就越大。当大市和个股上升到顶部时，及时抛出股票，就可以避免大市和个股见顶回调的风险；而当大市和个股调整比较充分之后入市，风险也就降低了。所以，在营业厅很冷清时买进，投资者可轻松自如地挑选便宜股票；而当营业厅挤得水泄不通时，虽然牛气冲天，市场一片看好，人们争相买进，但这时就要果断出手，不仅可以保住本金，还可以获取较大的收益。

（5）凡事要有度，满仓是大忌。一般投资者的资金有限，在牛市中，一旦满仓，很多机遇就会擦肩而过。在熊市中，满仓更是要不得，可能会令你失去本金，连翻本的机会也没有了。

保住本金不仅仅是巴菲特第一个制胜投资习惯，也是巴菲特在投资市场其他所有法则的基础，是他整个投资策略的基石，这是他历经数十年投资生涯能保持不败的根本原因。

思维 9. 选对投资工具很重要

投资者选什么样的投资工具，必须搭配自己的财力条件及投资习惯，不同的工具背后也代表着不同的风险和收益，如果不做功课，便贸然投入，就可能交出不少学费。理财工具繁多，如何挑选是一门相当大的学问。巴菲特认为："对于每一个投资人来说，选准投资工具至关重要。"

选对适合自己的投资工具会收到事半功倍的良好效果，如果选错了投资工具,将会一败涂地。

巴菲特成功的第一步,就是选准了投资工具——有限合伙人。投资工具有很多种,但他根据自己的具体情况,最终选择了"有限合伙人",他认为这是最简单、同时获利最大的做法。

之所以说这种做法简单,是因为一个公司的合伙投资人数只要不超过一百,就不受证管会有关共同基金管理规则的约束。而一旦被列入共同基金,公司所要遵守的规定是非常多的,要受到严格的约束。在选择了投资工具以后,巴菲特就着力寻找合伙人。

找到了理想的合伙人以后,巴菲特和其他几位投资人一起共同创设了巴菲特有限公司,而他是主要合伙人,这些合伙人一共凑集了105万美元。

巴菲特有限公司的经营方式也相当简单,当有限合伙人的获利超过6%的时候,巴菲特就收取超出部分的25%,他认为每位投资人至少都应该有相当于当地银行活期储蓄利率水准的获利保障,所以如果获利未达水准,他就不收取任何费用。同时,如果任何一年出现了亏损,他就会从前一年的盈余中,拨款出来弥补这项损失。幸运的是,他还不曾出现过亏损。

由于选对了正确的投资工具,巴菲特的原始积累很快地完成了,事业逐渐发展了起来,最终成为世人敬慕的股神。

作为一般投资者,当你刚开始投资时,会听到各种挣大钱的诱人机会。其中包括外国股票、封闭型基金、低价股票、美分股票、期权、期货、黄金、可兑换债券、垃圾债券、免税证券和房地产合股公司。

巴菲特提醒投资者，投资工具一定要简单、基本和易于理解，不要试图面面俱到。没有人能在买卖期货时取得很好的成功。因为亏损的风险大，所以投资者应避开过于复杂的投资工具，同时应避免涉及很多投资项目。下面简单介绍几种投资工具，可供投资者选择。

储蓄

理财必备工具，就是在理财规划中必须具备的。任何理财的基础都来自储蓄。储蓄是指将资金的使用权暂时让渡给银行等金融机构，并能获得一定利息的一个理财工具。我国目前的储蓄产品主要有活期存款、定期存款（定期存款又分为整存整取、零存整取、整存零取、定活两便、存本取息等），还有银行的人民币理财产品也属于储蓄类工具。

保险

其次是保险，保险是管理个人风险的核心工具，参加保险的主要目的是为了个人家庭生活安全、稳定。购买保险要注意并不是所有的保险都适合您。不必要的保险反而会造成财务上的损失。但也不要因此而忽略保险不购买或买不够。

债券

债券是一种表明债券债务关系的凭证。证明持有人有按照约定条件向发行人取得本金和利息的权利。债券的种类很多，按照投资人的不同，债券分为国债、金融债、企业债等。债券一般具有收益率较存款高、风险相对较低、流动性好的特点。（国债的金融债券较其他债券风险低，且国债利息收入免税）

现在可选择的理财工具就比较多了，基金、房产、外汇、股票、黄金、信托、期货、收藏，等等。

基金

基金是发行单位以基金证券或份额的形式募集社会闲散资金，形成一定规模的信托资产，然后交由专业的基金管理人管理的运营，投资于股票、债券、外汇货币市场工具等的金融投资工具，最终按投资比例分享投资收益。

市面上的基金品种比较多，因此选择时要看好类型。货币市场基金具有准储蓄功能，相对安全风险小。但总的来说基金作为投资工具，宜长期持有。

住房

住房本身在日常生活中有着很重要的位置，而房地产作为一项投资工具，只有在以下情况才被视为理财工具，如租房、购房、期房投资等。因为在这时房产将直接影响家庭或个人的资产负债状况。

黄金

黄金投资既包括实物产品，也包括与实物产品相关的衍生产品。黄金零售的产品有：金条、金币、黄金存折等。现在还有新的黄金产品——纸黄金。此外还有期货、期权、借贷等衍生产品。黄金虽然不再与货币挂钩，但作为财富的象征，依旧是储备的重要对象，而且黄金还是在通货膨胀下保值增值的一种工具。

理财是个性的。个性的东西合适的才是最好的。就像我们挑一双合适的鞋子。大小有不同，款式有不同，要挑适合自己的。理财也一样，产品不同，收益不同。挑选适合自己的理财工具，将财富按适合比率合理分配，并要进行主动的学习。

理财的工具很多，在我们初步了解了一些理财工具的常识后，就要再更深一步地了解这些工具的种类。

储蓄

储蓄的种类包括以下几种：

活期储蓄存款：不确定存期，可随时存取款，存取金额不限。

整存整取存款：就是一次存入本金，到期一次支取本金和利息的一种银行储蓄方式。它是定期储蓄中最常用的存款类型。

零存整取存款：每月分笔存入本金，到期一次支取本金和利息的一种银行储蓄方式。这种储蓄有利于强制储蓄，是积累资金的首选储蓄方式。

存本取息存款：就是一次存入本金，在存期内每次（月）支取利息，到期一次提取本金的一种银行储蓄方式。

整存零取存款：就是一次存入本金，在存期内每次（月）支取本金，到期一次提取利息的一种银行储蓄方式。

定活两便存款：就是不约定存期，在取款时按实际存期确定利率的一种银行储蓄方式。

通知储蓄存款：存取不定，支取时事先通知银行，起存金额为1000元，可分一次或多次支取，利率按支取日挂牌同期限的利率档次打六折计息。通知存款一般用于短期内不用的大额账户的储蓄。灵活性强，且可以获得比活期账户更高的利息。

债券

债券的种类，按照不同的分类标准，债券类型也不相同。

第一，按偿还与付息方式分类可分为定息债券、一次还本付息债券、贴现债券、浮动利率债券等。

定息债券：债券票面附有利息息票，通常半年或一年支付一次利息，利率是固定的。又叫附息债券。

一次还本付息债券：到期一次性支付利息并偿还本金。

贴现债券：发行价低于票面额，到期以票面额兑付。发行价与票面额之间的差就是贴息。

浮动利率债券：债券利率随着市场利率变化。

累进利率债券：根据持有期限长短确定利率。持有时间越长，则利率越高。

可转换债券：到期可将债券转换成公司股票的债券。

第二，按照担保性质分类，可以分为抵押债券、担保信托债券、保证债券和信用债券。

抵押债券：以不动产作为抵押发行。

担保信托债券：以动产或有价证券担保。

保证债券：由第三者作为还本付息的担保人。

信用债券：只凭发行者信用而发行，如政府债券。此外，债券按照发行主体的不同还可以分成国债、地方债券、金融债券、企业债券、国际债券等。

如果你现在有20万元的现金类资产，假设你的年投资收益率为

15%，实现翻番达到40万元需要多少年？这时很多人会说，大概需要七八年吧。但实际呢，计算复利因素，只需要4.8年便能从20万元变成40万元！这其中有一个理财的72法则。也就是说本金翻一番所需时间（年）= 72÷年收益（不计百分号）。

现在我们计算一下目前通过正常投资途径实现翻番目标所需要的时间。

1. 储蓄。当前一年期的定期存款利率为2.25%，税后为1.8%，假设利率保持不变，则本金翻一番所需时间:72÷1.8 = 40年。

2. 国债。因为国债很少有一年期的，所以我们以加息后的三年期凭证式国债计算，利率为3.37%，本金翻一番所需的时间:72÷3.37 = 21.4年。

3. 开放式基金。当前开放式基金的业绩虽然良莠不齐，但也有诸多业绩优秀的基金，如果选择一只好的基金，其回报率为8%，则本金翻一番所需的时间:72÷8 = 9年。

4. 货币基金。货币基金的年平均收益率一般为2.8%左右，本金翻一番需要的时间则为:72÷2.8 = 25.7年。

5. 信托。时下信托产品非常热销，年利率大约为4.8%，购买信托产品，本金翻一番所需的时间:72÷4.8 = 15年。

6. 人民币理财。除了股份制银行外，目前各国有专业银行也推出了人民币理财产品，以2005年2月1日建行推出的"利得盈"为例，其1年期产品的年收益为3.03%，本金翻一番所需的时间:72÷3.03 = 23.8年。

从以上数据可以看出，银行储蓄翻番的时间最长，需要40年！因此，要想实现家财的增值，就要转变传统的"有钱存银行"的老观念，根据自己的风险承受能力，尽量选择收益高的理财产品。以人民币理财为例，很多人认为它和定期储蓄的收益差不了一两个百分点，但你别忘了，收益高一个百分点，本金翻番的时间就能缩短15年。所以，在打理家财上应当锱铢必较，分厘不让。

选择正确的理财工具固然重要，但认清理财前提更重要。

1. 碰得到。所谓碰得到，主要是所选的理财工具，必须能够知道它的来源出处，包括这项工具的合法性，以及咨询是否容易取得。例如，当这项理财工具是实体的，如不动产、黄金、珠宝等，就要有合理的鉴价报价机制；如果是非实体的，如基金、股票等，就要看是否合法登记，有无正当监督机制，万一产生纠纷，才不会求助无门。

2. 看得懂。在投资前必须清楚知道买的是什么东西，选择自己能力范围内的理财工具，或者能通过收集资讯来学习了解产品。至于复杂度高的产品，不见得适合每一个人。

3. 买得起。这个原则是指别逾越自己的能力，如投资房地产、股票时通过贷款、借款等杠杆操作，资金成本有可能会侵蚀掉。而且过度扩张信用额度，往往会大起大落，必须承受更大风险。

4. 耐得住。选择理财工具时，必须考虑资金的时间成本。如古董、基金等要有足够的时间，才能获得可观的收益。不动产也必须投入数年才能有大幅的回报，若资金有时间上的限制，就不宜贸然投入。相比之下，股票、债券无实体的资产在管理方面就轻松很多。

5. 卖得掉。理财工具要具备良好的流动性，是投资工具很重要的考虑点。如某些收藏品的价值只局限于少数人认同或流行，很容易沦为"买时金，卖时土"的状况。再比如金条的回购，有的银行只回购自己卖出的，有的索性不回购，因此在投入时就必须考虑出售的渠道是否顺畅。

6. 睡得着。理财工具所产生的风险必须在承受范围之内。每个人的情况不同，对风险的承受程度也不同，有人操作期货行云流水，输赢自在；有人在市场行情稍有起伏时，便坐立不安，情绪焦虑，甚至影响正常生活节奏。因此在投资前先做好功课，了解来龙去脉及风险所在，可以减少无谓的压力。只有在自己能承受的范围内去冒险，晚上才睡得着，才能做出正确的判断，提高理财成功的概率。

投资工具就是投资人决战投资市场的"枪"，只有选准了适合自己且性能优良的工具，才能在投资市场上取得胜利。投资者开始投资时一定要选择简单的投资工具，只投资国内股票或共同基金。你投资的类型越多，就越难以跟踪它们的走向。期权充满风险，因为投资者不仅要判断股票的走势，还要判断出股票上涨或下跌的时间，而期货也具有很高的投机性，只有那些有过几年成功投资经验的人才应该尝试。

思维 10. 把赌注押在高概率事件上

作为一个伟大的投资家，巴菲特绝不轻举妄动。在没有出现好的机会时，他往往选择按兵不动。他常常用好几年的时间来关注某一家公司，有时甚至亲自前往考察公司的管理与经营状况。当考虑成熟之后，他所做的便是抓住机会，在一个合理的价格大举买入，进行大量投资。

费舍尔对巴菲特的影响也反映在他的信仰中，即当你突然遇到一个大好机会时，唯一的理性反应就是进行大额投资。今天，巴菲特也坚信这种思想："对于自己进行的每一项投资，你都应当有勇气和信心投入自己投资于股票价值的至少10%。"

巴菲特说："用赢利的概率乘以可能的赢利数额，再从中减去损失的概率与可能损失的数额的乘积。把可能损失数量的损失次数概率从可能赢利数量的赢利次数概率中除去。这就是我们一直想做的。"

巴菲特坚持投资成功的前提是寻找到了概率估计的确定性。"我把确定性看得非常重……只要找到确定性，那些关于风险因素的所有考虑对我而言就无关大局了。你之所以会冒大风险，是因为你没有考虑好确定性。"如果在概率较低的情况下进行集中投资可能会给投资者带来很大的亏损。

巴菲特判断股票投资输赢概率的高超技巧主要来自他最大的爱好——打桥牌。他经常说："如果一个监狱的房间里有三个会打桥牌的人的话，我不介意永远坐牢。"

巴菲特认为打桥牌与股票投资的策略有很多相似之处："打牌方法与投资策略是很相似的，因为你要尽可能多地收集信息，接下来，随着事态的发展，在原来信息的基础上，不断添加新的信息。不论什么事情，只要根据当时你所有的信息，你认为自己有可能成功的机会，就去做它。但是，当你获得新的信息后，你应该随时调整你的行为方式或你的做事方法。"

从巴菲特打桥牌的爱好中，我们不难了解他的股票投资策略。巴菲特谈到桥牌时说："这是锻炼大脑的最好方式。因为每隔10分钟，你就得重新审视一下局势……桥牌就好像是在权衡赢得或损失的概率。你每时每刻都在做着这种计算。"

也许伟大的桥牌选手和证券分析师一样具有非常敏锐的判断能力，他们总是计算着获胜的概率。同样，他们也都要对一些难以捉摸的东西做出决策。

在1963年巴菲特购买美国运通公司的股票时，已经开始运用概率法则了。当时美国运通公司的股票由于一桩商业丑闻，股价从65美元直落到35美元。巴菲特认为这是一个千载难逢的买入机会，他一举将公司资产的40%，共计1300万美元投入这家公司。事实证明，巴菲特这次"押大赌注"的举动取得了成功，在接下来的两年里，美国运通公司的股票一路上扬，翻了3倍，而巴菲特的合伙公司也赚到了巨额的利润。

不过，巴菲特的"下大赌注"是建立在他对行情充分了解基础上的，是经过慎重考虑的。巴菲特说过："慎重总是有好处的，因为没有谁能一下子就看清楚股市的真正走向。5分钟前还大幅上扬的股票，5分钟后立即狂跌的情况时有发生，你根本无法准确地判断出这个变化的转折点。所以，在进行任何大规模投资之前，必须先试探一下，心里有底后再逐渐加大投资。"只有在经过理性分析，对所要投资的股票做到心中有数,你才能一举投入大笔资金,否则将是非常危险的。

许多普通投资者往往在对股票还不是很了解的情况下听信一些小道消息,认为赚大钱的机会到了,就将辛苦赚来的钱,甚至是借来的钱投到其他股票上,这种盲目的冒险往往会给自己和家庭带来危机与不幸,是极不可取的。我们在学习巴菲特"下大赌注"的投资策略时,一定要弄清事情的前提,做到心中有数。

作为集中投资者,他手里持有的股票数量不会有很多,而且每一只股票都是通过精挑细选的。不过在这些被选中的股票里,也有一部分股票优于其他股票,这种情况要求投资者不应平均分配资产,而是要将更多的资金分配在最佳的股票上。

思维 11. 永远不要借债投资

2010 年,巴菲特在致股东的信中有一节关于"生命与债务"的内容,这段文字讲述了他爷爷总结的巴菲特家庭人生幸福的第一大秘诀:建立一笔备用金以防万一。用人们常说的话就是有备无患。

巴菲特把爷爷的备用金原则用在投资上,成为自己投资取得长期成功的第一大秘诀:尽量不要借债,财务杠杆可能会置企业于死地,同时建立巨额的备用金,既可以以防万一,又可以迅速抓住难得一见的投资良机。

这个人生道理和投资原则听起来似乎太简单了,普通老百姓也明白。有备无患,每个人都明白,并不代表每个人都能做到,尤其是始终坚持,很难做到。金融危机百年一遇,多家大银行倒闭,但巴菲特的伯克希尔这家以保险为主业的公司却不但没倒，账上还拥有450多亿美元现金，2008年雷曼破产之后的金融危机期间短短25天就投资出去156亿美元，还出资260亿美元收购了美国最大的铁路公司伯灵顿公司。可能你觉得非常简单，但想一想，巴菲特爷爷为儿子婚后生活建立1000美元备用金攒了10年，巴菲特为防备金融危机建立200亿美元的备用金攒了40多年，容易吗？

巴菲特在年报回顾自己金融危机中的大丰收，也特别写出这一节，感谢他爷爷传下来的人生幸福和投资成功第一大秘诀。可以说，这是2010年巴菲特致股东的信中最精彩最重要的一部分，以下便是这部分的内容。

汽车比赛的基本原则是，要想最先完成比赛，首先你必须完成比赛。这个原则同样适用企业经营，它甚至是指导伯克希尔公司每一个行动的基本原则。

毫无疑问，有些人通过使用借来的钱变得非常富有。可是，也有些人由于使用借来的钱却变得非常贫穷。但财务杠杆发挥作用时，能够扩大你的赢利。你的爱人会认为你非常聪明能干，你的邻居会妒忌你。但是财务杠杆会让人上瘾。一旦从财务杠杆创造的奇迹中获利，只有极少数人会退回到更加保守的负债比率。正如我们在小学三年级就学过的，有些人在2008年的金融危机中又重新学习了一遍，任何一系列有利的数据，不管这些数据多么令人心动，只要乘以零，都会灰飞烟灭。历史告诉我们，即使是非常聪明的人，运用财务杠杆产生的结果经常是零。

当然，财务杠杆对企业也可能是致命的。有着巨大债务的企业经常假设这些负债到期时，企业肯定能够再融资而不用全部还本付息。这些假设经常是合理的。但是，有些特别情况下，或者是由于企业自身出现特别问题，或者是全球性的贷款短缺，到期债务必须还本付息。这时，只有现金才管用，什么都是浮云。

借债者那时才明白，信用如同氧气一样。信用和氧气非常丰富时，你会感觉不到它的存在。但是信用和氧气一旦消失，你就会什么也感觉不到。即使是很短一段时间缺少信用，也会让一个企业毁灭。事实上，2008年9月，在美国经济的很多行业由于信用缺失几乎摧毁整个美国。

即使只会给伯克希尔公司的生存带来非常微小的一点点威胁，我和芒格对于这样的行为也不会有任何兴趣（我们两个老头的年龄加在一起有167岁，从头再来这种事想也不会想，根本不会列入我们的人生目标）。我们永远会清醒地认识到这个事实，那就是你们——我们的股东也是合伙人，托付给我们的资金在很多情况下是你们一生储蓄积累下来的财富中的很大一部分。除此之外，还有非常重要的慈善活动依赖于我们的谨慎投资。最后，许多由于事故致残由我们公司支付保险赔偿的受益人还指望着我们来支付未来几十年的生活费用。如果我们只是为了追求几个百分点的超额收益率，就拿所有以上这些人必须满足的需求去冒险，绝对是不负责任的。

我们为什么会如此厌恶任何财务上的冒险，我个人的历史经历或许可以给出部分解释。芒格从小长大的地方，和我已经居住了52年的房子只有100码远，而且我和芒格上的是奥马哈市区里面同一所公立高中，我的爸爸、妻子、三个孩子和两个孙子也是在这所高中上过学。但是在芒格35岁以前，我从来没有见过他。可是小时候，我和芒格都在我爷爷的杂货店里打过工。尽管我俩打工的时间相隔5年之久。我爷爷的名字叫恩尼斯特，可能再也没有任何人比他更适合这个名字了。所有为恩尼斯特工作过的人，即使是一个小男孩，都会受到这段工作经验的重大影响。

在1939年恩尼斯特写给了他的最小的儿子也就是我的叔叔弗雷德一封信。同样的信也写给过他另外四个孩子。我还保存着爷爷写给我姑姑爱丽丝的同样内容的一封信。1970年，作为姑姑的遗嘱执行人，我打开了她放在银行的安全保险箱，发现了爷爷写给她的信，信里还有1000美元现金。

爷爷恩尼斯特从来没有读过什么商业院校，事实上他连高中都没有读完，但是他非常明白，作为确保生存的前提之一，变现能力至关重要。在伯克希尔公司，我们严格遵循他保留足够现金的原则，但保留的现金数却要比他的1000美元大很多，我们发誓保证至少持有100亿美元的现金，而且是除去我们下属政府管制的公用事业公司和铁路公司持有的现金之外。由于这个惯例，我们习惯手头上至少保持200亿美元的现金，既可以使我们抵挡出乎意料的巨大保险理赔损失（迄今为止Katrina飓风给我们带来的30亿美元保险理赔损失，这是保险行业赔付最多的灾难事件），又可以让我们迅速抓住收购企业或者证券投资的机会，尤其是在金融危机发生的时候。

我们把大部分现金放在美国国库券上，而避免了只是为多赚几个基点的利息去投资其余短期证券。在 2008 年商业票据和货币市场基金的脆弱性变得非常明显之前,我们就已经坚持只把现金投在国库券上的原则。我们非常赞同一位投资作家的看法:"更多的钱损失在追求赢利上而不是损失在枪口下。"在伯克希尔公司,我们既不依赖于银行信用额度,也不会签订需要提供担保的借款合同,除非是为了获得相对于我们庞大的流动性资产而言数量非常微小的资金。

另外,过去的 40 年,伯克希尔公司没有花过一分钱来支付股利或者回购股票。相反,我们保留所有利润不做分配以增强我们的财务实力,这种增强现在相当于每个月增长 10 亿美元。过去 40 年伯克希尔公司的净资产从最初的 0.48 亿美元增长到如今的 1570 亿美元,内在价值增长得更多。没有其他任何一家公司能够像我们这样坚持不懈地积累财务实力。

正是由于我们在财务杠杆上非常谨慎小心,我们在赢利上不得不支付一些小的代价。但是,拥有充足的可迅速变现的流动资产,让我们睡得非常踏实。更重要的是,在美国经济偶尔会突然爆发的金融危机时期,有些人或者大公司为了生存乱成一团时,我们却在财务上和情绪上都弹药充足地准备开始反击。这正是我们能够在 2008 年雷曼破产之后的金融危机期间短短 25 天就投资出去 156 亿美元的原因。

思维 12. 让安全边际为资金安全护航

股市投资中所谓的安全边际,究竟指的是什么呢?

巴菲特曾对安全边际打了一个恰当的比喻:在铺设桥梁时,你使桥梁的载重量达到了5万磅，但你只允许3万磅的卡车通过。这就是所谓的安全边际。巴菲特曾不止一次强调安全边际的重要性。他说："我们投资部分股权的做法唯有当我们可以用有吸引的价格买到有吸引力的企业才行得通，同时也需要温和的股票市场来帮助我们实现。而市场就像上帝一样，帮助那些自己帮助自己的人，但与上帝不同的地方是，他不会原谅那些不知道自己在做什么的人。对投资人来说，买入价格太高将使优秀企业未来10年业绩增长的效果化为乌有。"

如果给安全边际下一个准确的定义的话，就是指：在投资者打算投资一家公司的时候，通过对公司的内在价值进行估算，然后与其股票价格进行对比，就会出现一个差价，如果两者之间的差价达到一定程度时，这就是所谓的安全边际，在这种情况下，投资者就可以对该公司进行投资了。

安全边际原则是由巴菲特的导师格雷厄姆首先提出来的。格雷厄姆认为，所有投资成功的秘诀最关键的就是要试图找到安全边际。因为影响股票市场价格和公司经营的因素十分复杂，这就给投资者对其进行准确的分析造成了很大的障碍，事实上，大多数投资者会在对股票市场进行分析时出现这样或那样的错误。正是由于投资者自身能力的局限性，所以投资者无法去准确预测未来股市走势，投资企业未来的发展情况，所以安全边际就成了投资者的护身符。它可以确保一旦投资者对于投资企业的价值的预测出现误差、公司的经营暂时出现了问题或者公司股票价格长期低于其内在价值时，投资者能够保留本金，全身撤退。

对此巴菲特深有感触，他说："我们在买入价格上坚持留有一个安全边际。假如我们计算出一只普通股的价格仅比它的价值略低一点点，那么我们将不会买入这种股票，安全边际为我们提供了投资的保障。"

格雷厄姆进一步阐述了他的看法，他说，投资者在对股票价值进行估算时，经常会把股票价值估到低于它的市场价格，但是这时的股市走势却总是和投资者预测的截然相反，于是投资者开始对自己的预测产生怀疑，当因此做出错误判断的时候，股市似乎又反其道而行之。投资者似乎又再一次被玩弄了。失望之余又错上加错。但是令投资者万万没有想到的是，正是在这样的反复之中隐藏着机会和利润。其实，如此反常的价格波动是在提醒所有投资者，价格下跌时正是大量买入股票的时机；价格上涨时，投资者则要将手中的股票脱手。

巴菲特说："投资操作和投机操作的最大不同在于，真正的投资操作，需要一个真正的安全边际，最重要的是，这个安全边际必须可以被证明是准确无误的。"巴菲特投资《华盛顿邮报》时，就是充分运用了安全边际的原则。他说："当初我们低于该企业内在价值的价格，将该企业全部买了下来。因为我们已经找到了其中的安全边际。所有人都知道,《华盛顿邮报》的商业价值要远远高于它的市场价格。"

在巴菲特看来，投资者在投资一个企业时，关键要看它是否具有超过现行债券利率的能力，如果存在，那么投资者就可以大胆地进行投资。因为，如果以10年为一个周期，在这10年里，该企业股票的赢利率将超过债券的利率，如此一来，这就为投资者提供了一个安全边际。也就是说，它的未来股票赢利能力将会使投资者避免损失或者说它可以大大降低投资者的损失。所以如果投资者所投资的很多股都存在着安全边际，那么通常情况下，投资者将会从中获得巨大的利益。

巴菲特之所以把安全边际原则视为他最重要的投资策略，根本原因在于，他对投资风险的理解。大多数学者认为风险是股票或者股票投资组合股票价格水平的相对波动性。但巴菲特认为风险其实简单地说，就是损失或损害的可能性，而从股票市场价格的历史相对波动性中是无法判断投资股票的风险的。只要投资者集中投资于自己非常擅长把握的几个杰出的公司，那么安全边际就会帮助你将风险降低到最小。

当所有投资者都在惊叹巴菲特为何能如此成功地玩转股市的时候，巴菲特的答案是，在每一次投资股票时都要给自己留有足够的安全边际。

思维 13. 安全边际实现无风险套利

很多投资者如果能见到巴菲特，一定想问他一个这样的问题：你获取如此巨额财富的秘诀什么。此时巴菲特也许会告诉你：是利用无风险套利赚取的。巴菲特似乎对于无风险套利总是乐此不疲。因为无数的套利行为已经给他带来了足以令人艳羡的利润。

巴菲特认为，如果想要不冒任何风险而赚取利润的话，最佳的选择就是套利。那么何为套利呢？巴菲特是这样解释的：投资者可以在此市场以较低的价格买入股票然后到彼市场以相对较高的价格将其卖出，这其中的差价便是你所赚的利润。与以往不同的是，现在的套利主要是股票交易商在公司并购或者是重组时可能产生差价时介入，并从中捞取利润。

无风险套利包括很多种，而巴菲特最推崇的一种便是并购套利。那么什么又是并购套利呢？简单来说，如果A公司打算将公司出售，此时该公司市场价格为每股30美元，那么B公司可能会以34美元的价格将该公司买入；此时如果投资者以每股30美元的价格买进该公司的股票，等到A、B两公司达成协议后，再以每股34美元的价格卖给B公司，那么投资者就会在这当中获得4美元的差价。值得注意的是，投资者在进行这样的套利时，一定要把握好套利空间和A、B两个公司交易完成的时间，因为当并购的消息发出来之后，大量的投资者就会蜂拥而上，疯狂地抢购股票，由于人数骤增，套利者手中的股票就很难卖出去，此时的套利空间就会越来越小，当只剩3%～4%时，那些获利者自然就会大量出售股票，从而导致股价下跌，套利者如果恰好在这时介入，那么他就会从中获利。

但是很多投资者由于太急功近利，反而丧失了套利的良机。与他们不同的是巴菲特在对于这个时机的把握上可以说是恰到好处。他向来以谨慎求稳著称。当他十分准确地知道确实是有两家公司要进行这样的买卖交易，并且将消息公布于众之后，如果在他看来这次买卖极有可能成交的情况下，他将大量买进股票，等到时机到来时，他再将股票脱手，从而赚取高额的利润。

如此娴熟的套利本领可不是一朝一夕就能练就的。巴菲特有生以来第一次接触套利操作，是在他研究葛拉汉·纽曼公司时，发现该公司在30多年来的套利操作中获得了高额的利益回报，这让他惊讶不已。从此他便对套利操作产生了浓厚的兴趣。

当巴菲特正想一展拳脚的时候，机会来了。当时美国有一家巧克力公司，名字叫洛克伍德，由于当时制作巧克力的原料可可豆价格低廉，该公司便从市场上购买了大量的可可豆，随后几年里，可可豆市场出现了供应短缺的情况，导致可可豆的价格迅速上涨，就在洛克伍德公司打算清仓卖掉可可豆时，意外发生了。

由于联邦政府对于当时的税收政策做出了调整，使该公司认为如果将可可豆清仓卖出，会对公司不利，从而取消了这个计划。并做出了出售可可豆业务的决定，而且公司把所有可可豆库存也列入其中。这引起了纽曼公司的注意，随后公司提出了以股票换可可豆的交易方案。负责这次交易业务的正是巴菲特，最终该公司从这项交易中获得了丰厚的利润。

巴菲特在此次交易中初次尝到了套利交易的甜头，他也渐渐领会了套利操作的种种好处，此后他便开始了漫漫的套利操作之旅。

几十年过去了，巴菲特的套利操作已经成为了他投资技巧中的经典之笔，巴菲特也因此获得了巨大的利润回报。

虽然巴菲特从套利操作中获取了相当的利润回报，但是他也并不否认套利操作行为所固有的风险。由于套利基本上就是一项把握时效的投资，因此持有股票时间的长短就成为了套利成功的关键。而套利的风险就在于，移转时间可能要比预期的时间长；而且移转向来都存在着失败的可能。

那么对于广大投资者来说，该如何规避套利所带来的风险呢？巴菲特曾不留情面地说过："有哪种笨蛋会去投资根本还没公告的移转行为？用脑子想一想？其实正是华尔街的投资商们。"细想一下这句话并不难理解。这些投资商似乎对道听途说的小道消息非常感兴趣，虽然存在着获利的可能，但他们也在冒着巨大的风险。他们就像是在悬崖边上舞蹈。股票市场复杂得让人难以置信，风险时时刻刻都潜藏在投资者的周围，也许是政府政策的改变，也许是公司股东的变故，等等。如果投资者不更加小心行事，那么一旦发生意外，他们将面临巨大的损失。

和那些不假思索的投资者相比，巴菲特就显得明智得多。他认为要想套利成功，就必须充分了解套利的风险。他说："股票市场中，预期事件发生的概率有多大？你的现金可允许被套牢多久？有什么释出股票的机会——比如说竞争性的报价？因为反托拉斯法的限制，或在筹措资金时出现了问题等，当现实情况并不是你所预想的那样，你该怎么办？"只有把所有的问题都想在前面，你才能去放心地进行套利操作，否则很可能会招致失败的下场。

当年巴菲特做出收购通用动力的股票的决定，就是因为巴菲特已经明确地知道通用动力公司将对某些财产进行清理。

所以，巴菲特根据多年来的套利经验，告诫所有投资者，只有投资那些已经公告移转的公司，才可以避免可能会出现的风险。

思维 14. 选择安全性能高的股票

巴菲特是"简单和精明的投资者"的典范,也许他是一位天才。理性和常识是他的引路明灯,他的常识其实非同一般。例如,他购买可口可乐股票的理由很多,其中一条主要理由就是人人都需要喝水,事实表明人们也喜爱喝可口可乐。他的工作可以用四个字来概括:"分配资金"。他是这样解释的:"我的工作就是要确定向哪些企业投资,与谁一起投资,以什么价位投资。"他也需要让伯克希尔公司旗下众多企业的经理工作轻松愉快。这些经理有 3/4 的人管理着价值超过 1 亿美元的企业,因此从资金上说,他们都是合适人选。他所要做的就是不断激励他们,给他们让道。罗斯福总统有这么一个忠告:"最佳总裁就是这样一个人,他精心选用一些优秀人才做他想要完成的工作,并约束自己,避免干预他们的工作。"

巴菲特每隔两年就给这些经理寄一封长度不超过两页的信,信的内容基本上都是建议他们应当像对待他们自己的企业那样去管理,应当考虑如何在企业周围"修筑一条壕沟以拒盗匪于城堡之外"。

巴菲特在他那间简陋的办公室从事企业运作,而他的企业合伙人查尔斯·芒格则在洛杉矶运作,巴菲特是这个金融帝国的神经中枢,它的触角和影响遍及国内外。

一般说来,当一家优秀企业受到某种暂时性的诋毁、威胁或误解时,巴菲特就采取投资行动。一家名叫政府雇员保险公司(GEICO)的汽车保险企业在 20 世纪 70 年代中期濒临破产时就是这种情况。他大量收购,他的资本增值了约 40 倍,现在已经完全拥有政府雇员保险公司。伯克希尔公司的一条重要理念就是，一有机会全力投注。你的工作是在巴菲特称之为你的"能力范围"之内进行的。你要找到你的生活与投资的边界。当你碰巧处在这个边界的某个位置时，并感觉到在这个舒适区域"音色圆润流畅"，你就可以为露天剧场的观众引吭高歌。巴菲特隐居在美国腹地，这里盛产玉米，遍地牛羊，社会祥和，生活宁静，他的时间基本上都是用于思索和阅读。巴菲特说："我们的工作就是阅读。"他还说："我们喜欢以合理的价格收购那些出类拔萃的企业。"巴菲特主要收购那些私有企业或者购买那些公众公司的一部分股票。

巴菲特不做的事情和他所做的事情同样重要。他不做任何程序交易（伯克希尔股票的某些经纪商却这样做），也不针对某家公司下一季度收益做短线投机。他说话不带任何危言耸听之词，不参与敌意收购。他从不试图利用负债、抬高嗓门或轻率冒险而仓促行事。

在他看来，赚钱的秘诀并不在于冒险而在于避险。巴菲特说："我们不必屠杀飞龙，只需躲避它们就可以做得很好。"

巴菲特远离华尔街那帮疯狂的人群，默默投资运作，只是在几年前才被人们称为美国首富。1993年，《福布斯》杂志第400期将巴菲特列为美国首富，身价83亿美元。根据《福布斯》杂志的计算方法，巴菲特在1994年变为次富，身价92亿美元，位居身价93.5亿美元的比尔·盖茨之后。1994年10月10日，巴菲特在坐落于林肯市的内布拉斯加大学做了一次演讲，他说："盖茨排名居前的唯一原因是他们把他的家产也计算在内。"2002年，《福布斯》杂志发现，盖茨再度成为首富，身价530亿美元，而巴菲特则为次富，身价350亿美元。然而在2002年春，巴菲特和盖茨恰好并列为世界首富。

如果我们要真正了解巴菲特现在所拥有的350多亿美元资产（大约相当于石油富国科威特一年的国民生产总值），就应当看一看他的负债情况。他的负债为零。

多年来，他仅有的一次负债是一笔7万美元的抵押贷款，现早已还清。这笔贷款是他在1971年用于购买一栋三室两卫的房子，这是他的第二处房屋，位于加利福尼亚州的拉古纳滩，站在埃默洛尔德湾可以远眺太平洋，他每年来这里欢度圣诞节。这栋房子当时价值15万美元，现已升值，估价为18.5万美元。巴菲特的资产负债率完全满足他在投资中所需要的一个概念："安全边际收益。"

无论将资金购买何种股票，如果没有安全系数的保障，非但得不到投资的预期收益，还会出现赔本的可能。巴菲特在进行任何一种投资时，总是寻找那些他相信在从现在开始的10年或20年的时间里实际上肯定拥有巨大竞争力的企业。至于那些迅速变迁的产业，尽管可能会提供巨大的成功机会，但是，它排除了寻找的确定性。

巴菲特的重点在于试图寻找到那些在通常情况下未来10年，或者15年，或者20年后的企业经营情况是可以预测的企业。因为这些企业具有安全性。

事实上，安全的企业，经常是那些现在的经营方式与5年前甚至10年前几乎完全相同的企业。当然管理层绝不能因此过于自满。企业总是有机会进一步改善服务、生产线、生产技术等，这些机会一定要好好把握。但是，一家公司如果经常发生重大变化，就可能会因此经常遭受重大失误。推而广之，在一块总是动荡不安的经济土地之上，是不太可能建造一座固若金汤的城堡似的经济特许权的，而这样的经济特许权正是企业持续取得超额利润的关键所在。

在1977—1986年间，《财富》杂志世界500强企业中，总计1000家企业中只有25家能够连续10年平均股东权益报酬率达到20%，且没有一年低于15%。这些超级明星企业同时也是股票市场上的超级明星，在所有的25家企业中有24家的表现超越标准普尔500指数。这些企业有两个显著特点：

第一，其中大企业只使用相对于其利息支付能力来说很小的财务杠杆。真正的好企业常常并不需要借款。

第二，除了一家企业是高科技企业和几家是制药企业之外，绝大多数企业的业务一般都非常平凡普通。它们大都出售的还是与10年前基本上完全相同的、并非特别引人注目的产品。

股票投资是一种风险较大的投资，其风险的存在让你不得不首先考虑投入资金的安全性。股票投资的风险来源于企业、股票市场和购买力三个方面，投入资金的安全与否首先取决于企业的经营状况。

作为普通投资者，为了确保投资安全，你最好先从不同的角度全面地分析了解企业的情况，尽可能地选择这样一些企业进行投资：基础扎实，资金雄厚，有持久发展趋势；企业规模宏大，经营管理水平先进，产品专利性强，商标知名度高，有较强的生产能力和市场竞争优势；企业资产分配合理，流动资金与流动负债保持合理的比率；赢利率高，有丰富的原料来源和广泛的市场，或者企业是国家重点发展和政府积极扶植的企业的股票。

如果企业自身经营状况好，发展迅速，必然带来大量的赢利，这样不仅可以保证你本金的安全，而且还会给你带来丰厚的股息和红利。

一般说来，以下企业的股票能够确保投资安全。

成长型企业的股票

成长型企业的股票因其公司的成长性比较好，将来的报酬率一般都比较高。高成长性公司的主营业务收入和净利润的增长态势通常处于高速扩张之中，并在多送红股少分现金以保证有充足资金投入运营的同时，能使业绩的递增速度追上股本规模的高速扩张。它们往往在多次大面积送配股之后，其含金量和每股收益却并未因此而大大稀释。

此外，成长型企业的股票的市场容量比较大。随着越来越多的中国人进入"小康"，由于人口众多，中国市场已成为一个庞大而非常富有潜力的市场。但是，由于行业不同，市场容量和发展空间也就大不相同。如传统的商业企业的市场容量就无法和如空调制造业这样的企业相比。在这方面，朝阳行业的企业发展空间也要比夕阳行业企业的发展空间大得多。除此之外，成长型股票还有如下特征：首先，属于成长型工业。今后被认为是成长型的工业是生化工程、太空与海洋工业、电子自动化与仪器设备及与提高生活水准有关的工业。其次，资本额较少，较易期待其成长，且可以计划增资，从而使股价上涨。

受政策背景支持的股票

一个国家的政策取向对于国民经济的运行态势及产业结构的调

整具有决定性作用。反映到股市当中,受到国家产业政策倾斜支持的行业,容易得到市场的认同。例如,垄断行业由于受国家特殊保护,所以发展稳定,前景看好,股民应当予以注意,能源、通信等公用事业类和基础工业类股票即是一种选择。再比如,金融业目前在我国尚属一个政府管制较严的行业,现在金融企业整体而言就能获取高于社会平均利润率的利润。

优良型的股票

优良股票公司的经营完善、资金雄厚、收益率比较高,处于行业的龙头地位和优势地位。因为这些公司有如下特点:

1. 在现代经济中,只有达到规模经济的企业才具有较强的竞争能力及抗风险能力。

2. 龙头企业更易得到国家的政策扶持,并可能在企业兼并浪潮中快速扩张,从而进一步扩大其市场份额,进入新一轮快速增长。

3. 改革开放以来,我国不断引进外资,但外资的引进,已不仅仅是带来资金和技术,也渐渐对我国民族工业构成了威胁,而与世界经济接轨已是我国经济发展的必由之路。在这种格局下,政府无疑会扶持那些行业龙头企业,给他们优惠政策,给他们注资,让他们发展并占据市场,以与外国企业相抗衡。

对股票投资安全性的保障,有一个重要的方面,就是股票投资者自身的保障。所谓自身的保障,就是指股票投资者应用自身的知识和经验,以审慎投资的态度判别股票的优劣。一个投资知识和投资经验丰富、冷静而慎重、善于分析比较的股票投资者本身就是避免和减少损失的重要保障。

投资者在投资时从安全性着手，要考虑自身的经济实力，股票投资是为了赢利，投资的前提就是有剩余的资金，有剩余资金才能进行股票投资。股票投资者的投资行为要在自己经济条件允许的前提下进行，使用他人资金或把全部生活费都用于股票投资，一旦投资失利，不仅无法保障和补偿投资资金的安全，而且，将危及自身及家庭的生活。同时投资者也要做好充分的投资思想准备，即要树立风险观念，强化对投资风险的心理承受能力和做好弥补资金损失的准备。

股票投资者要坚持投资活动的自主性，独立思考，自主判断，靠自己提醒自己，安全第一。正如巴菲特所说："现在避免麻烦比以后摆脱麻烦容易得多。"

第三章
集中投资——一鸟在手胜过十鸟在林

在投资界，是否应该把鸡蛋放进一个篮子里，一直是个争论不休的话题。主张把鸡蛋放进一个篮子也就是集中投资的人认为，只有集中在最能赢利的投资品种上，比如一只股票上，才能取得高额回报，而分散投资只能获得平均收益，投资越分散，这种平均收益就越薄；主张不可把鸡蛋放进一个篮子也就是分散投资的人则认为，只有把鸡蛋放入多只篮子里才能避免个股风险，这只蛋打碎了，可以另外再补一个蛋进来。对此，巴菲特是怎么看的呢？

在巴菲特看来，"多元化投资就像诺亚方舟一般，每种动物带两只上船，结果最后变成了一个动物园。这样投资的风险虽然降低了，但收益率也同时降低了，不是最佳的投资策略。"

思维 15. 忘掉分散性投资

"你拥有多少都不算多。"这句话你在华尔街投资顾问那里是听不见的。他们更有可能遵循的传统信条就是：

（1）你应该把资金分散到股票、债券和现金中。

（2）你的股票组合应该包括多种股票，最好分散到各种行业甚至不同国家。

然而，分散化的对立面，也就是集中于少数投资对象，正是巴菲特的成功要诀。

巴菲特投资时奉行的是"少而精"的投资原则，主张只投资于自己真正熟悉的几家公司。他不主张投资组合的多元化。他认为投资多元化是投资者对所投对象不甚了解，不得已的一种应付性的保护措施。巴菲特的这种投资观念来源于菲利普·A.费雪，他很早就已经阅读了菲利普·A.费雪的著述。

菲利普·A.费雪是著名的集中证券投资家，他说自己宁愿投资于几家他非常了解的杰出公司，也不愿投资于众多他不了解的公司。因为分散投资于众多的公司，虽然分散了风险，但是同时也分摊了利益。菲利普·A.费雪认为：如果购买了太多的股票，我们根本没有精力和时间去充分地认识和研究这些股票。投资人的风险在于：他们对比较熟悉的公司的投资显得太少，而对陌生的公司投资得又太多了。依照菲利普·A.费雪的理论，贸然买进一家未经透彻了解的公司，可能要比有限的投资组合承受更大的风险。

确实如菲利普·A.费雪所说的那样，如果投资者手里握着几十只股票,他不可能将每一只股票都了解得透彻,这样做是非常危险的。在《普通股与不普通的利润》一书中,他曾经写道:"许多投资者,当然还有那些为他们提供咨询的人从未意识到,购买自己不了解公司的股票可能比没有充分多元化还要危险得多。"40年后,菲利普·A.费雪已是90岁高龄的老人,仍不改初衷,还是强调:"最优秀的股票是极为难寻的,如果容易,岂不是每个人都可以拥有它们了。我想购买最好的股票,不然我宁愿不买。"在一般情况下,菲利普·A.费雪将他的股本限制在10家公司以内,其中有75%的投资集中在3~4家公司。这句话其实告诉投资者在自己有限的知识与经验下,与其多而广地选股,不如选择少数几只你了解并对它们十分有信心的股票。

巴菲特说:"如果你对投资略知一二并能了解企业的经营状况,那么选5~10家价格合理且具有长期竞争优势的公司就足够了。传统意义上的多元化投资对你就毫无意义。"

传统的多元化投资的弊端在哪里呢?可以肯定的一个问题是投资者极有可能买入一些他一无所知的股票。

对投资略知一二的投资者,最好将注意力集中在几家公司上。其他坚持集中投资哲学的人则建议数量应更少些。

要简单回答"到底要买多少种股票才算是集中持股"的问题,按巴菲特学派的人来说,其答案就是持股最多不超过15种。

1943年,凯恩斯在写给一位商界朋友的信中提到:"如果投资人以为将资金分散投资于不同企业就可以降低风险,那就大错特错了。其实他们对所投资的公司的营运现况并不熟悉,更别提能完全掌握这些公司的未来发展……每位投资人的了解其实都很有限，就连我自己都无法在短时间内对两三家企业有完全的了解。"巴菲特常常引述英国经济学家凯恩斯的话来证明他的理论的正确性。

一直以来，巴菲特有一套选择可投资公司的策略。他认为，如果一家公司经营有方，管理者智慧超群，它的内在价值将会逐步显示在它的股价上。巴菲特的大部分精力都用于分析公司的经济状况以及评估它的管理状况上，而不是用于跟踪股价。

巴菲特的分析过程包括根据一套投资准则和基本原则来评估每一次机会。这些准则，可以被看作一套工具传动带。每一条准则都是一种分析工具，这些准则综合起来，提供了一套方法，来挑出那些有更多机会产生高经济收益的公司。

对于集中投资者，我们的任务是做好自己的"家庭作业"，在无数的可能中找出那些真正优秀的公司和优秀的管理者。

巴菲特认为："我们采用的战略排除了紧随的分散化教条"，"许多学问高深的人因此说，我们的战略比更传统的投资者采用的战略风险更大。我们相信，投资组合集中化的措施能有效地降低风险，如果这种措施既提高了——像它应当做到的那样——投资者考虑公司的强度，也提高了投资者在购买公司股票前对公司经济特点的满意度。"有句话说，通过有目的地集中在少数几家公司的股票上，你就能更好地研究它们，并且更能理解它们的内在价值。你对你投资的公司了解得越多，你可能承担的风险就越小。

巴菲特说："分散化是保护无知的挡箭牌。如果你想要确定，相对于市场，不会有任何不利的事情发生在你身上，你就应该拥有市场上所有的股票。这并没有错。对那些不知道如何分析公司的人来说，这种方法完全正确。"

作为一般投资者，也许我们分散投资的目的是为了分散风险，但是在分散风险的同时也会分散了收益，这是一把双刃剑。

让我们对比一下分散化和集中投资策略，分散化投资策略包括100只不同股票；集中化投资策略只有5只股票。

如果分散化组合中的某只股票的价格上涨了一倍，整个组合的价值就上涨1%。但集中化组合中的同一只股票却将投资者的净资产提高了20%。

如果分散化组合的投资者要实现这样的目标，他的组合中必须有20只股票价格翻倍，或者其中的一只上涨2000%。现在，你认为哪种做法更简单？

是找出一只价值可能翻倍的股票容易，还是找出20只价格可能翻倍的股票容易？答案是不用说的。

当然，从另一方面看，如果分散化投资者的一只股票下跌一半，他的净资产仅下降0.5%。如果同样的事情发生在第二种组合中，集中化投资者的财富将损失10%。

但是找出100只不太可能下跌一半的股票，或者找出5只不太可能下跌一半的股票，哪种做法更简单？答案同样是不用说的。

分散投资分散了风险，同时也分摊了利益。在市场一味向好的时候，这是有些人所不能接受的，尤其是新手，看到自己股票的平均收益才有5%多点,看到另外的股票收益有20%、40%,甚至更高,肯定会想"要是我持有那只股票该多好啊"。于是有人就会在所谓的长期跟踪后,在3个月或者更短的时间里,卖掉自己手里的,买上前段时间表现更好的,以此来赢取未来更大的收益。

投资的目的就是为了获取更大的收益,这样的做法无可厚非,但是效果呢?往往会事与愿违,有这样一种想法的人是一种典型的贪婪。

思维 16. 巴菲特的集中投资策略

巴菲特之所以能在长达数十年的漫长投资生涯中,稳定保持收益年增长 23.5% 的神话,主要靠的就是他独特的投资理论。这套理论使他在股市中常胜,也使他远离高科技股:首先,他只从事长期投资,投资的绝不是概念、模式,也不仅仅是股票本身,而是真正的生意,投资能创造可预见性收益的公司;其次,他讨厌股票期权多的股票,像高科技股,称这种股票是彩票;再者,他认为买身边的品牌最可靠。谁做的广告多,消费者喜欢,就买谁。巴菲特的眼光一如既往。

巴菲特投资成功的方略是多方面的,其中当数"集中投资"的方法最有效。

在很多投资者看来:把鸡蛋分散放在许多不同的篮子里才算保险,因此,他们没有集中资金,反而将有限的资金四处出击。结果手中的资金被七零八乱的股票所肢解,导致手中股票不是这只股涨,就是那只股跌,一年忙到头,好的可以赚点钱,中的打平手,不好的情况下则是负增长……有的人年复一年,也不善于总结,总认为运气不好，其实这是犯了一个投资者的大忌。

巴菲特反对分散投资。他认为投资 15 只股票以上都是不恰当的。

以巴菲特的理由，搞清楚一家上市公司的内部管理和经营情况本身要花大力气，需要时间，需要花费不少成本。所以应该只投资我们了解的、熟悉的上市公司，只投资经过我们反复分析、研究和跟踪过的上市公司，而不投资不了解的上市公司。而在市场上，最流行道听途说，当听到高手说某家上市公司的股票好而自己根本不了解的情况下就买入是绝对的错误。既然我们了解某些上市公司，我们对它的长期经营情况了如指掌，对未来的收益也能很好地计算和把握，那么买入这样的上市公司是最有把握的。因此，巴菲特的集中投资建立在自己非常了解上市公司的基础之上。他只投资买入自己熟悉的了解的认为市场上最好的几家上市公司，特别对未来有较大扩展空间的垄断性企业更愿意以较高的价格买入。

而大多数散户只感觉集中投资形式上的简单和方便，没有把集中投资建立在熟悉和了解上市公司的基础之上。这种只图买卖简单和方便的投资有相当大的风险。买入自己不了解的上市公司，集中投资度越大，风险越高。分散投资理论就是在这样的投资情形下提出来的。对于不了解的股票采取分散投资的办法可以降低风险。如果我们只买入自己非常了解和熟悉的股票，那么就没有必要分散投资了。因为为了分散投资会无形中增大买入股票的数量，一不小心就会买入不了解的或者不太了解的股票，让投资组合更具有风险性。所以，如果我们的投资思路建立在只炒作非常了解的和相当熟悉的股票身上，那么分散投资理论根本没有任何意义。只买入我们熟悉和非常了解的股票自然会形成集中投资的风格。这与只全仓买入一只不了解的股票有完全不同的投资思想。

当我们对上市公司的投资信心很足的时候，我们越想重仓买入，心理上自然会趋向集中投资。当我们对上市公司了解不透的时候，心里自然无底，希望少量买入，以试探性的方式买入，这样的手法自然会增大分散投资度。所以，长期投资者多半是价值投资派，他们非常了解上市公司，能够以集中投资的方式进行。而恰好是投机客，他们不了解上市公司，不敢长期持股，也不敢重仓买入，只好小仓位买入。如果投资客在既不了解上市公司的情况下又采取重仓买入的手法，那么中长线的风险会相当高。

分散投资无论出自什么理论和数学方程，最直接的还是由对上市公司的了解程度决定的。当我们对上市公司很了解时，或者我们只买入自己了解的上市公司时，我们自然会重仓出击，无意中选择了集中投资方式。这是很自然的事情。而在对不了解的品种或者上市公司投资买入时，由于心中无底，信心不足，自然会以试探的方式进行，以轻仓少量买入为主要的买卖手段，自然会形成分散投资的习惯。而对于那些只图方便，在对上市公司没有做深入研究的情况下，重仓持有几只不了解的股票或者全仓买入一只不了解的股票，这种结果只会导致投资的失败。

纵观中外股市操作成功的人都有一个共同特点：就是比较善于精心选股、集中投资，很少有分散投资能带来辉煌收益的人。这一点对于中小投资者来说极为重要。

巴菲特将"集中投资"的精髓简要地概括为:"选择少数几种可以在长期拉锯战中产生高于平均收益的股票,将你的大部分资本集中在这些股票上,不管股市短期跌升,坚持持股,稳中取胜。"为此,巴菲特的大部分精力都用于分析企业的经济状况以及评估它的管理状况而不是用于跟踪股价。巴菲特告诫投资"门外汉"们:注意力要集中。他个人坚持投资的四项原则是:

(1)企业原则——这家企业是否简单易懂?这家企业是否具有持之以恒的运作历史?这家企业是否有良好的长远前景?

(2)管理原则——管理层是否理智,管理层对它的股民是否坦诚?管理层能否拒绝机构跟风做法?

(3)财务原则——注重权益回报而不是每股收益。计算"股东权益"、寻求高利润的公司,公司每保留1美元都要确保创立1美元市值。

(4)市场原则——企业的估值是多少?企业是否会被大打折扣以更低值买进?巴菲特之所以得出"少便是多"的投资方略,很大一部分原因是受英国经济学家约翰·凯恩斯的启发。1934年凯恩斯在给商业同行的一封信中写道:"通过撒大网捕捉更多公司的方法来降低投资风险的想法是错误的,因为你对这些公司知之甚少,更无特别信心……人的知识和经验都是有限的,在某一特定的时间段里,我有信心投资的企业也不过两三家。"作为投资人,至少应在购买一只股票之前,对企业的经营状况有所了解,哪怕这家企业已被ST了。当然,巴菲特是不会投资ST公司的,因为他从不寄希望于未来会发生怎样的奇迹。

思维 17. 集中投资的好处

众所周知，市场中那些有潜力的企业是最有投资价值的，是最值得投资者进行集中投资的。巴菲特认为，要选出最优秀的公司，精力应用于分析它们的经济状况和管理素质上，然后买入长期都表现良好的公司，集中投资在它们身上。

对于分散投资，巴菲特说："分散投资是无知者的自我保护法，对于那些明白自己在干什么的人来说，分散投资是没什么意义的。"

巴菲特认为，一个人一生中真正值得投资的股票也就四五只，一旦发现了，就要集中资金，大量买入。要把注意力集中在几家公司上，如果投资者的组合太过分散，这样反而会分身不暇，弄巧成拙。

巴菲特为什么如此提倡集中投资呢？集中投资究竟有何好处呢？

（1）有助于对个股做详细考察

巴菲特的集中投资，是建立在对股票进行详细考察基础之上的。道理很简单，如果你对该股票不了解或者了解不多就贸然投入，而且还是集中投资，这种行为无疑是风险巨大的孤注一掷。

巴菲特认为，集中投资的一大好处，就是迫使你更详细、更认真地去考察你的投资对象。而他自己考察上市公司则有一套独特方法，这种方法虽然独特却不神秘，是建立在普通常识基础之上的。

巴菲特认为，如果一家公司管理层聪明而又精明，经营业绩稳定，经营方式长期不变，公司的内在价值就会慢慢体现出来。所以，他的主要精力总是集中在如何分析公司的内在价值，考察公司潜在经济状况，而不是股价波动、股市本身的发展上。

由于巴菲特实行的是长期投资策略，所以要从将来一个相当长的时期内来分析公司发展前景，是相当困难的。为此，巴菲特采用的方法不是一个两个，而是有一整套。运用这一整套方案从各个不同角度来考察，有助于从全面的、整体的角度来把握股票投资价值。

巴菲特认为，股票投资也要根据"吃力不赚钱、赚钱不吃力"的原则，在详细考察公司的基础上，尽量寻找和挖掘"赚钱不吃力"的行业和公司。当这种股票出现时，要紧紧抓住机会，集中投资。

（2）有助于投资者理性思维

巴菲特认为，一方面，集中投资必须是理性的，如果你集中资金搞盲目投资，这样的投资风险太大；另一方面，集中投资又会有助于投资者理性思维，因为你要集中投资，就必须冷静面对投资风险。

可以说，依据主观概率来进行投资每一位投资者都会，可是要通过理性思维来真正把握成功概率的大小，使之符合客观实际，就有一定难度。不过巴菲特认为，只要你认真读过这家公司的财务年报，了解这家公司的内在价值，熟悉这家公司的业务，做到这一点就不难。

1990年年初，美国西海岸出现了严重的经济衰退。加利福尼亚州的许多银行由于贷款资金被住宅抵押所占用，经营十分困难。而在这些银行中，拥有最多商业不动产的银行是威尔斯法哥银行。所以大家一致认为，威尔斯法哥银行的股票走势最为脆弱。

伴随着这种判断，威尔斯法哥银行的股价从86美元急剧下跌，并且出现了恐慌性抛盘。而这时候却乐坏了巴菲特，因为巴菲特对这只股票的判断与上述观点完全不同。

巴菲特为什么会如此自信呢？原来，他对银行业务十分了解，这一点是其他投资者无法比拟的。所以，他建立在这种基础上的判断能力，也是其他投资者无法望其项背的。

早在1969年至1979年间，巴菲特就拥有大量的伊利诺伊国家银行和信托公司股票。正是在这个时期，这家银行总裁让巴菲特学到了这样一条经验：一家银行只要经营得好，就不但会使它的收益有所增长，而且还能得到可观的资产回报；而银行要经营得好，主要依赖于公司管理层——优秀的银行管理层不会去发放有风险的贷款，而且会不断降低运营成本；糟糕的银行管理层则相反，不但会增加运营成本，而且还会经常贷错款、造成坏账损失。

巴菲特了解到，这家银行自从现任总裁卡尔·理查特1983年上任以来，经营业绩一直非常不错。不但收益增长率、资产回报率高于同行业平均水平，而且运营效率在整个美国是最高的，放款业务非常结实，毫无风险。

巴菲特由此得出结论说，在加利福尼亚州的银行业发生"大地震"和金融恐慌性风险确实存在，可是发生在威尔斯法哥银行身上的风险微乎其微。

那么，巴菲特为什么不担心这家银行商业不动产的比例最高呢？这难道也没有风险？确实，威尔斯法哥银行的商业不动产比例最高，可是巴菲特认为，由此造成的风险只会发生在经营管理不善的银行身上，不会对经营管理良好的这家银行造成太大冲击。

巴菲特算了这样一笔账：威尔斯法哥银行当时的税前年收益，即使扣除贷款损失3亿美元，余额仍然超过10亿美元。与此同时，即使又重新遭遇1991年那样的重创，也即使该银行造成的损失不仅仅是商业不动产，而且还包括所有贷款（480亿美元）在内，并且损失达到10%，结果又怎么样呢？所有这些情况都按最坏的估计，所造成的损失包括前期利息损失在内，平均损失量相当于本金的30%，这时候这家银行仍然能做到不亏损！

关于这一点，只有懂行的人才知道——如果银行放贷业务遭受10%的损失，那就等于这家银行受到了严重的经济萎缩，而出现这种情形的概率是非常小的，几乎不可能！

正是基于上述理性分析，巴菲特得出了与其他人截然相反的判断结果。

当威尔斯法哥银行的股价被市场强行打压了50%之后，1990年10月，巴菲特大举购买该股票，伯克希尔公司就拥有了威尔斯法哥银行10%的股份；同时，也成为这家银行最大的股东。

这一举措让其他投资机构议论纷纷，连呼"看不懂"。可是巴菲特却胸有成竹，他认为胜算的概率极大，至少应该是2:1。结果，事实最终证明他的判断是对的。

（3）有助于提高投资回报率

巴菲特认为，集中投资有助于提高投资回报率，他在可口可乐公司股票上的投资业绩，就完全能证明这一点。

众所周知，集中投资和多元化投资理念是相背离的。多元化投资理论认为，分散投资有助于降低投资风险。可是殊不知，投资者分散投资将会买到自己不了解的股票，至少也会买到投资信心不足的股票。毫无疑问，这和高概率事件要下大赌注的投资原则是南辕北辙的。

所以巴菲特说，集中投资就意味着高回报。因为集中投资的前提是你对这只股票很了解，至少也是"略知一二"，否则你也不敢这样集中投资。

有了对投资对象很了解的基础，你再把自己的资金主要投向于这些股票，虽然股票只数减少了，可是投资回报率却必然会提高。

（4）有助于最大限度地降低风险

巴菲特认为集中投资的风险最小，道理很简单：因为既然你集中投资于少数几只股票，你就会用更多的精力了解透彻每一只股票；毫无疑问，你对所投资的每一只股票了解得越透彻，投资风险就越小。

这很有点像计划生育的做法：宁可生得少些，也要养得好些。巴菲特喜欢引用美国百老汇主持人比利·罗斯的话说："如果你有40个妻子，那么你对她们中的任何一个都无法了解清楚。"

他说，伯克希尔公司所投资的那些股票，集中在少数几家财务稳健、具有强大竞争优势，并且由能力非凡、诚实可信的管理层管理的公司上。只要买入价格合理，投资这样的股票几乎没有任何风险。

从伯克希尔公司38年来的股票投资经历看，如果扣除通用再保险与政府雇员保险公司的投资进行分析，股票投资获利与亏损的比例大约为100∶1。

在伯克希尔公司1993年年报中，巴菲特在给股东的一封信中对此是这样阐释的：许多人认为分散投资有助于降低投资风险，可是他不同意这种观点。

他认为，集中投资一定会使得投资者在买入股票前特别注意考察上市公司的经营状况，提高对上市公司经济特征满意度的标准，所以，这时候的投资风险一定会达到最小程度。

（5）有助于应付股价不正常波动

巴菲特认为，集中投资对于投资者来说，就像开出的一艘航空母舰。毫无疑问，与分散投资的小船相比，航空母舰更能劈波斩浪，抵挡住股价波动，尤其是那些不正常的股价波动。等到股价回归到与其内在价值相符时，你的收获季节就到了。

巴菲特认为，如果是分散投资，由于每只股票价格此起彼伏，很容易造成投资效益平均化。这时候，你买入的股票只数越多，随着每只股票价格的上涨、下跌所带来的心理就越复杂，将来就越是只能取得平均回报率。

巴菲特的投资经历表明，集中投资由于把所有资金都集中在少数几只股票上，虽然随着这少数几只股票价格的波动心理也会产生颠簸，但只要坚持长期投资策略，就能忍受住这种颠簸，在一个相当长的时期内获得丰厚回报。

那么，怎么才能做到这一点呢？他认为，最简单的办法是，把关注的目光集中于公司内在价值上，看股票的质地是否发生了变化；

而不是去关心短期股价的波动。

不看股价波动的最好办法,就是远离股市。在巴菲特看来,股市是检验一个投资者是否愚蠢、是否会做出愚蠢决策的地方。远离股市,实际上就能避开短线操作了。

(6)有助于投资的成功

巴菲特是集中投资的倡导者和身体力行者。他形容说,投资者应该假设自己手中有一张投资卡,上面只有20个孔,每投资一次就少掉了一个孔,即自己可以做出的投资决策就减少了一次。如果能做到这一点,投资者就会耐心等待机会集中投资,从而大大提高成功率了。

针对股市中有一种"把鸡蛋放在不同篮子里"的说法,他说,有人以为这种分散投资能降低投资风险,其实这是没道理的。

巴菲特说,他越来越相信,正确的投资方式应当是把大量资金集中投入那些你了解、而且对经营管理又抱有极大信心的公司上去。你只要选择少数几种投资收益率高于平均数的股票,把大部分资金都集中在这些股票上面,即使它们面临长期的股价拉锯战,也能取得很高的投资回报。他形容这种投资策略叫"把鸡蛋集中放在几个比较结实的篮子里,进行精心照看"。

思维18. 看准了就集中买进

投资过程中常常会发现,很多股票投资人手上持有十多种以上的股票,这已经成了一种司空见惯的现象,甚至还有一些股民同时持有三四十种股票。

为什么这些股民与巴菲特集中投资的思想背道而驰呢？这实际上是他们追求"分散"风险的心情在作祟。殊不知，这样一来买对优秀公司而致大富的机会，已被他们"分散"了，化为乌有了。

巴菲特认为，这种尽量买多种个股的投资态度，其实和买彩券没什么分别。我们知道股市里，股票涨涨跌跌，但一些股民就是一直看到手上的股票都只跌不涨。这些股民就像买彩券良久不中的赌徒那样，买下了近乎所有的股票或彩券号码，来中一次奖过过瘾，或买中大涨的股票。

如果投资人投资股市是真的抱有这种碰运气心理的话，还不如去买彩券、上赌场、赌马。至少，在那些赌博游戏里，你清楚地知道自己是在赌博，因而可以亲眼看着自己手上的现金慢慢地消失。但在股市这个高级的赌场里，你实际上虽是在赌博，却常常产生幻觉，以为自己是在投资，因而投入股市的大笔资金，你可能会误以为是在长远投资，等到遭受巨大亏损的时候再来后悔可就太迟了。

因此，我们不可一直手痒而想要这里尝试一些、那里买一点，希望能够碰运气的话，反而是集中精神寻找区区几家非常优秀的公司，那么，我们就能够确保自己不随便投入资金、买入自己不值得投资的公司。

在巴菲特四十多年的投资生涯中，虽然多有成功，但真正使他赚到今日财富的，却仅仅是那十多次投资。

巴菲特把选股比喻成射击大象。他认为，投资人所要选择的，是头很大的大象。大象虽然不是常常出现，而且跑得不是很快，但如果你等到它出现时才来找枪打，可就来不及了。为了等待和及时抓住这个机会，我们任何时刻都要把上了子弹的枪准备好。这就像投资人任何时候都准备好现金等待大好机会来临那样。比如在过去近九年的美国股市飙升时期里，巴菲特就很少购入大笔的股票，反而让现金累积。

相反，一般的散户就是喜欢东买西买，这里尝试一些，那里买入一些，名下股票种类多得不胜枚举，等到廉价购入最佳企业的机会到来时，反而手上剩下的资金不多。这就像打猎时，大象一直不出现，使人失去了耐心，就连松鼠、兔子等小动物也照射不误，结果等到大象出现时，子弹已经所剩不多。

1999年3月，巴菲特更是向股东们强调，股市腾升已经使美好的购入机会消失，因此他找不到适合射击的大象，但有一点却是他可以保证的，那就是他和查理将会集中精神和保持耐心，等着大象的出现。

棒球是美国人最爱的球类运动之一，巴菲特也很喜欢以棒球来比喻投资。他常提起一位美国著名职业棒球打击手击出全垒打的秘诀。这位打击手说，他把打击棒球的空间，划分成几十个和棒球一样大小的位置，只有在最佳的几个位置上，他才会挥棒打击。巴菲特说，我们投资人也应该这么做，只有在最适当的时机才挥棒，挥出投资场上的全垒打。

巴菲特本身的投资，次数的确是很少的，但一旦投资了，就会很大笔。比如，自从1960年年末全盘卖出手上的白银之后，巴菲特一直都在注意着国际银量的供需定律，看看有没有出现可以赚取市场错误标价的机会。尽管他30年来一直都在注意着银量的生产、供应和需求，但他却一直没有发现巨大的获利机会，因此30年来都没有任何举动。

直到1997年，巴菲特觉得机会终于来了。他发现，20世纪90年代里，每年的银产量都少于需求。简单地讲，银不像金条那样主要是为了装饰用，而是拥有一些很重要的实际经济用途，包括制造我们日常拍摄的相片底片等。但问题是，银一般不是采矿者心目中的主要金属，而是他们从地下采取其他金属（如金、铜等）时所取得的副产品。因此，就供应量而言，就会受其他金属供需情形的影响。比如，如果金条价格大跌、铜的需求大降的话，那么这两种金属的采矿量将减少，这将直接导致银的生产量相应下降。

这就是90年代的普遍情形。由于银的经济用途是相当稳定的，所以生产下降将使银价因供应不足而上涨。但在90年代，巴菲特发现国际市场银的供应商一直不停地消耗他们的存货，因而导致价格一直没涨。换言之，银的公开价格还未反映出实际上的供需定律情况。巴菲特认为，这种"消费多过生产"的现象，迟早会导致国际市场上银的存货被人掏尽，而银价必将反映出这个供不应求的现象。

这就是非常典型的巴菲特的所谓"令人流口水的价格"。看中这一点之后，巴菲特在1997年总共买下了超过2.8万吨的银，一夜之间，从30年来完全没有持有任何银，摇身而成世界最大的银主人，等到银价上涨之后，巴菲特就开始大赚特赚了。

几十年来一直不停地注意市场的供需定律但从未买入，而机会一到的时候，则大笔进场，这就是巴菲特的过人之处。巴菲特在选购股票的时候，也是这样。如果他觉得不值得买，那他就一只股票也不买。如果值得买，他就会大举进场，绝对不会犹豫不决，畏畏缩缩。

思维 19. 控股投资能获得更多收益

巴菲特集中投资的策略，在他控股投资的案例中得到了鲜明的体现。巴菲特说："在进行控股买入和股票买入时，我们努力不仅购买那些优秀的公司，而且还购买那些由出众的、聪明的和可靠的管理人员管理的公司。如果我们对与我们相关联的经理看走了眼，那么被控股公司就给了我们某种优势，因为我们有权力做出改变。"

事实上，控股投资已经成为巴菲特投资的一种主要方式。在把伯克希尔·哈撒韦公司组建成为一个赚钱机器的过程中，巴菲特已经在股票、债券和商品投资方面取得了不错的业绩。但是，一旦时机成熟或条件允许，他不仅会选择一些自己看好的公司股票，而且还会收购足够的股份以控制该公司。也就是说，巴菲特喜欢购进足够比例的公司股份，以确保对该公司的未来发展方向产生绝对的影响。

初看起来，很多人可能会认为巴菲特只是一位寻求廉价资产的专家，而实际上，巴菲特经常会通过积极进入公司执行董事会来使其投资的资产升值。这种干预做法的受益者包括政府雇员保险公司、所罗门有限公司以及《华盛顿邮报》公司等。在其他许多情况下，巴菲特还会购进国有或私有公司的全部股份来取得控股权。这样的公司有博塞姆公司（一家奥马哈的珠宝零售公司）、国际奶业王后公司（一家快餐连锁店）、布法罗晚报、伊利诺斯国家银行与信托投资公司、内布拉斯加州家具商业中心等。

人们对巴菲特有些投资决策感到惊讶，但投资顾问兼金融作家约翰·特雷恩却改变了人们把巴菲特仅看作一个特别精明却被动的投资者的看法，他曾这么评价巴菲特："我们看到巴菲特一次又一次地购进公司全部股份或购回部分股份，而且他很清楚这些股票的价值要高于当时的卖价，尤其是如果投资期间会发生一些重要变化。"

巴菲特这种喜欢购进整个公司并专心致力于提高公司收益率的习惯主要表现在其事业发展成熟阶段。一位成功的资金管理人通常会遇到的问题是：在其接管后，资金规模迅速扩大，这也是投资者梦寐以求的事情，但不久以后管理者会发现，要想购进足够比例的股份以对整个投资组合策略产生实质性影响，会有很大的困难，而只有收购整个公司然后使其增值，才能解决此类问题。不过，这种方法并不是巴菲特在成为行业巨头之后才发展起来的，他在成为一名资金管理者的初期阶段，就开始了购进整个公司的计划。

1961年，由巴菲特管理的投资合伙公司的全部资金只有500万美元。他用其中的1/5购买了登普斯特磨粉机制造厂70%的股份，而当时这家工厂已濒临倒闭。巴菲特任命自己为董事会主席，并从洛杉矶请来一位执行总经理。该经理上任之后迅速减少存货、大幅削减成本并解雇多余的员工。经过改革，没过多久工厂的利润就大幅提高了。到了1963年，巴菲特如果将该工厂出售可以净赚230万美元。

到了20世纪60年代中期，巴菲特已经积累了一笔不小的财富。

在 1966 年和 1967 年两年内，巴菲特的合伙企业又斥资 1500 万美元全资并购了两家零售公司。但由霍斯柴尔德科恩公司经营的巴尔的摩分店却非常糟糕，最后巴菲特不得不将其出售给一家大型超市。而另一家公司——芝加哥的一家女装连锁商店却取得良好的业绩。

1969 年，面对超级繁荣的投资市场，巴菲特敏锐地感觉到某种危险。于是他结束了自己作为资金管理者的职业生涯，但他仍保留了两个投资项目：一个是重新命名的多种经营的零售店，另一个是他在 1965 年收购的破烂不堪的马萨诸塞州的纺织制造厂——伯克希尔·哈撒韦。后来，巴菲特从资金管理行业转向致力于组建一家大型工业与金融企业，并逐渐取得了巨大的成功。在巴菲特成为亿万富豪的过程中，伯克希尔·哈撒韦是他成功实施其经典投资策略最得力的工具。

在经营伯克希尔公司的几十年中，巴菲特的资产价值成千上万倍地增长，与其说他是一位股票投资者，倒不如说他是一位工业巨头。的确，他曾一心致力于为伯克希尔·哈撒韦公司的投资组合买卖各种证券。

此外，在 20 世纪 70 年代中期，巴菲特还曾用几年时间经营 FMC 公司的养老基金。事实上，巴菲特个人财富的迅猛增长却并非依赖于那些只有少数投资者才使用的投资策略，他真正依靠的是控股大型的保险公司。保险公司之所以能够成为巴菲特建造其庞大帝国的基础，其原因有三点：保险公司可以利用那些最终属于别人的大量资金；保险公司可以享受税收优惠政策；保险公司可以充当金融杠杆。

保险公司的现金储备来自保险费收入，这为巴菲特利用他人资金创造了良好的条件。虽然最终这部分收入会以赔付的方式返还给投保人，但在这之前，保险公司可以将这笔资金用于投资，以便获取更大的利润。另外，保险公司的这笔投资收入还可以享受优惠的税收政策。保险公司从事投资活动的第三个好处则是它可以发挥金融杠杆作用，即保险公司每年都可以创造出几倍于其股权投资的保费收入。比如说，一家融资成本为20亿美元的公司，每年可以创造出80亿美元的保费收入。假设保险公司可以收取价值10亿美元的投资组合证券收益中的60%，即6亿美元，则其扣除成本与税费前的投资收益是6亿美元。如果融资成本是20亿美元，则毛收益率为30%。这种杠杆效应在伯克希尔公司体现得尤为明显，一般保险公司的投资组合中，债券会占一大部分，而巴菲特则更侧重于投资股票。因为时间可以证明，股票的收益率要高于债券。由于巴菲特取得的高投资收益率，进一步扩大了伯克希尔公司投资组合的杠杆效应。

巴菲特意识到：保险公司可以变成"一个超额利润科目"。于是当他从资金管理业转向组建企业之后，迅速进入财产与意外事故保险业。伯克希尔收购了国家保险公司，这是一家成立于经济萧条时期的特殊保险商。其创立人杰克·林沃尔特主要承担各种其他保险公司都不愿承保的风险项目，从而获得一定的利润。除了有为那些高风险驾驶员设计的汽车保险险种之外，林沃尔特还开发有专门为走私贩和驯狮员设计的保险单。

1969年，巴菲特开始涉足再保险业，并于1970年成立了科恩赫斯克尔伤亡保险公司；1971年成立了莱克兰公司，一家专门承保火灾与意外风险的保险公司；以及1972年成立了得克萨斯州联合保险公司。除此之外，伯克希尔公司在1971年收购家庭与汽车保险公司，并在1994年收购GEICO公司的全部股份。

在以上这些分支企业或子公司中，保险的金融杠杆效应为伯克希尔·哈撒韦公司的证券组合带来惊人的高额增长率。尽管要投入大量与这些并购交易相关的控股资金，但一旦巴菲特发现一个收购整个公司股份的有利时机，这种杠杆作用就会变得不可估量了。

对于巴菲特的这种喜欢控股投资的习惯，其传记作者罗杰·洛文斯坦这样评价：在每次交易中，巴菲特不是去购买公司的股票，而是整个公司、整个行业。这在资金管理者中是前所未闻的。正是这种控股投资的习惯，使巴菲特获得比别人高得多的回报。

思维20. 时刻给自己留一些"子弹"

巴菲特曾经说过："在大象还没有出现的时候，浪费自己的子弹打野兔是一桩不合适的买卖。"

我们不要一直手痒而想要这里尝试一些、那里买一点，希望能够碰运气的话，效果往往不佳；反而是集中精神寻找区区几家非常优秀的公司，最后的收益却非常客观，也只有这样，才能够确保自己不随便投入资金买入自己不值得投资的公司。

有经验的投资者都知道，市场的熊市维持得一般较长，市场套牢投资者相对容易。相反，市场在一次次起伏中给投资者的好机会却不多，而且时间很短。

正所谓"机不可失，时不再来"。聪明的投资者都善于抓住市场赐予的不多的投资机会，从而取得了巨大的成功。

在投资业历史上，1973—1974年的市场滑坡奇怪地被众人忽略了，然而它确实有划时代的意义，甚至可以和20世纪30年代的大萧条相提并论。

1972年各大刊物都以显著标题，描述这场前所未有的恐慌。《商业周刊》："从墓地呼啸而过"；《福布斯》："为什么买股票？"《商业周刊》："可怕的崩盘"；《巴伦》："弥散的恐慌"；《福布斯》："悲观正在加剧"；《福布斯》："一片未知的水域"；《幸福》杂志："关于股票悲观的一个案例"；《福布斯》："经济形势失控了吗？"

在全球势力范围内，美国的资本主义都处于衰退之中；在欧佩克组织的成功业绩的激励下，第三世界国家正在组建卡特尔。经济学家们认为黄金时代的发展到头了，只剩下一块大小固定的馅饼被瓜分成更小的份额，甚至在街角的加油站都可以清清楚楚地看到这些证据。

华尔街也被国家的阴沉气氛所笼罩，"漂亮的50种股票"下跌了80%，宝丽来从149美元跌到14.18美元，施乐从171美元跌至49美元，而雅芳则从140美元跌到18.58美元，仿佛从顶峰坠入了深渊。华尔街上最大的养老基金管理者，同时也是"漂亮的50种股票"的忠实支持者——摩根·葛兰蒂把客户的资金亏损了近2/3，银行家信托公司也不再为它的信托账户买进股票了。很有意思的是，现在却是买进市面上所见的一切股票的时机。

道·琼斯指数在7月底以757点收价，到9月时，它只有607点。倘若用道·琼斯指数作为衡量标准的话，40%的美国工业都已经化为一缕青烟了。但是道·琼斯没有着手衡量损失的大小，自1968年以来，股票平均跌了70%，夏季的一个交易日里，有447种股票刨下新低，比过去人们常念叨的大萧条时期的情况还糟糕。熊市已持续了6年，比1929—1932年的熊市时间长出一倍。

这所有的一切都表明，不要入场，否则，一定会输得一塌糊涂。

股票更像熟透的水果从高空坠落，一度热衷于以80倍赢利率买下"漂亮的50种股票"的基金管理者们，不愿意买下只有5倍赢利率的联合出版公司股票，他们倒不是害怕有可能出错，而是担心自己的步调跟不上潮流。

"我希望我们可以脱口而出说自己对这些独特的领域有强烈的爱好，但我们从不这样做，一部分原因在于我们认为现在不是去做一个英雄的时候，这会有相当大的风险，除非你可以把我放到一个岛上观察上3年时间。"一位投资者说。

值得一提的是，只有现在才是出英雄人物的理想时机。尽管资金管理者都曾在最模棱两可的股票上押下过赌注，现在却又把最好的股票拒之门外，虽然乐观是他们的第二天性，但这是鲜为人知的。剩下的一切便都是恐惧的。

但是，巴菲特却从中看到了希望。

拿破仑曾说："有才能的人总是利用一切时机，而不肯放过任何可以增加成功机会的可能性；而比较笨拙的人往往拟制大量计划，却由于轻视或忽视良机而输个精光……利用良机对于庸才来说，从来就是一个秘密，而这正是比一般水平高出一筹的人的主要力量所在。""时机"对于任何人都是平等的。成功总是属于那些善于识别时机、抓住时机、利用时机的投资者。

欧美工商界有一句著名的格言："现金为王。"如果说资金是人体的血液，那么现金便无疑是血红蛋白了。

有人调查了几百个大投资公司的经理，数据表明，他们之中近80%的人每天早晨走进办公室后所做的第一件事就是阅读早已放在他们办公桌上的公司前一天（或上一期）的各类财务报表。财务，是公司健康成长的重要因素。如果把公司比作一个人的话，资金的管理和使用就是人体的血管，它是引导着公司的血液——资金始终沿着正确的方向流动，从而保证整个机体的健康。

不幸的是，现在许多投资者要么根本没有这根血管，投资凭热情，资金运转无计划、无目的、无节制，始终处于混乱状态；要么虽然有这根血管，但没有让他发挥应有的作用，原则缺失造成了投资方式的不科学。

现金问题无小事，投资者不要因为现金使用问题琐碎就不想管，懒得管。要赚钱的话，投资者要算大账，更要算细账。

所以，聪明的投资者要懂得，无论什么时候都不应该满仓，只有这样才能做到攻守平衡。可我们很多投资者一下就满仓了，但这个时候满仓，用巴菲特的话讲就是在裸泳，潮水一退下来你的风险就出来了。所以，巴菲特的整个投资过程告诉我们，一定要控制风险。只有控制了投资风险，才可以在市场出现系统性风险的时候，你还有资金去买进。

第四章
逆势投资——不做盲目跟随市场的"牺牲品"

  一个吹笛子的人和一个真正的天才，两者之间有什么不同之处？一个吹笛子的人如果吹得很好听，可能后面会有人跟着，哪怕这个吹笛子的人走到悬崖边他们都不会知道，只是盲目地跟着。有些人可能会以为巴菲特既然是一个投资方面的天才，是一个大家，我们应该盲目地不用顾虑什么，跟着他就可以了。殊不知我们应该把他当成一位导师，所谓导师就好比是一个教练，真正做决定的人还是你自己。

思维 21. 准确把握市场的行情

巴菲特善于把握股市行情，挑选优良健康的投资对象。股票市场好似一个乱哄哄的赌马场，大多数投资者并不认为自己是一个投资者，而把自己看作一个赌徒，总是带着一种赌博的心理去投资。这些人和谁赌呢？和市场赌。这很容易让人联想起中世纪西班牙的堂吉诃德，总想和巨大的风车比个高低，其结果可想而知。

稍微有点投资意识的人都知道，任何人都不可能跟市场比高下，市场永远是强大的。要想在乱纷纷的股票市场上获得丰厚的利润，只能利用市场的悲观短视或是疯狂，也就是说在市场不冷静的时候用冷静去战胜它，获取自己的利润。要做到这一点很难，巴菲特却做得很好很成功。

巴菲特最善于抓住市场的悲观短视，利用市场上的盲目和悲观来挑选自己的投资目标。他认为，那些质量优良的公司股票只有在市场不理性的时候才会背离其价值，被贱卖。因为在悲观的市场上，人们被悲观绝望的情绪所左右，很难正确判断一家优良公司的真正价值，这是挑选有价值的投资标的并以较低价格买进的最佳时机。所以在多数人悲观失望的时候，巴菲特把握这一股市行情，乘此机会买自己平时想买而又因为价格过高难以如愿的优良公司股票。

股市投资人大多认为，证券分析师之所以称为"师"，就是因为有预测未来的本事。但实际上他们面对未来多变的行情，也并不比普通投资人高明多少，要不然自己改行操盘就可以了，何必还要辛苦研究产业，忍受预测行情不准的责难呢？因此，有意投资股市的人选股的问题要问自己，不要问别人。

巴菲特认为，当股市开始有所波动的时候，许多投资者，尤其是新入市的，对行情的发展趋势往往难以判断，是盘上还是盘下？是轧空还是诱多？是反弹还是反转？是回档还是回头？如此之类的问题，会困扰着他们，令他们难以把握。

那么对于中小投资者，应当从哪些方面来入手分析行情的变化呢？

（1）看成交量的变化。就市场短期的演变而言，任何判断行情发展趋向的标志，非成交量莫属。比如，当股票指数触到一定的低点，被立即拖起，而没有在低位做相当一段时间的无量盘整。那么，此番上攻必是反弹而非反转，因为缺乏"筑底"的量能，说明底部尚未确认，就会应验"是底不反弹，反弹不是底"的股谚；如果股指节节攀升，成交量却日渐萎缩，这便有"顶背离"之嫌，应先部分减仓观望，而相反呈温和状的放大，则说明还有上升的空间；如果股指下挫，成交量未有效放出，说明是合理回档，可持续持股或逢低吸纳，反之，成交量急剧放出，可视为回头，应做应变措施；如果股指"横走"，成交量仍维持在一定的水平，说明大盘正在做强势整理，进行充分的洗盘与换手，理应还可看高一线。

（2）分析基本面。这是压倒一切的决定因素，也是诸多要诀尤其是研断"大势"最准确的依据。有关国家政策的出台，首先可以做出股票市场只会发展不会萎缩，只会更大更好更完善的判断结论。在这个大前提下可以选择一些适合长线投资的绩优股，关注一些具有资产重组题材与中西部地区的上市公司的股票,有选择地介入。

（3）技术面分析。技术分析在我们这种"特色"鲜明的市场里,应灵活应用或更多的只能作为逆向提示,即反技术而为之。比如,当均线系统发生"金叉",提示建仓买入时,行情往往不涨反跌,同样在出现"死叉",提示减仓卖出时,行情却不跌反涨。又如,行情一涨再涨,或一跌再跌,各项技术指标出现超买或超卖时,若根据技术指标所提示的去抛或买,往往得到的是踏空或杀多的结果。因为主宰市场的主力,往往是上涨时可以做无阻力,同样下跌时也可以做无支撑。因此,在运用技术指标做分析时,应当以逆向运用为前提,必须再结合成交量的变化,结合基本面与消息的变化,结合市场的供求变化,结合"人气"(亦以逆向运用)的变化,使技术面分析真正地"为我所用"。

（4）分析媒体和言论信息。此分为两类,一是指来自媒体的导向,分官方言论与非官方言论两种,前者即可视为政策性导向,无论是默许抑或批评,都应不折不扣地"贯彻落实",坚决执行,后者则应慎重对待,自己认真分析,得出相应的结论。二是指来自"人气"的导向,如果问及投资者,十有八九说好,证券营业部大厅内人头攒动,成交回报显示买入远大于卖出,证券报刊时有脱销,收市之后"马路沙龙"久聚不散,这都说明"人气"已高涨到了"沸点",此时行情肯定已到了强弩之末;相反,如果与上述种种情况正好相反,特别是证券营业部门可罗雀,表明"人气"处在极度低迷的时候。

如果投资者能够把握股市行情,在适当的时机购买股票,相信投资一定会受益匪浅。

思维 22. 不要被股市陷阱所迷惑

信用交易从长远来看，是一个陷阱，一旦陷入便难以自拔。作为投资者，买卖股票一定要量力而行。某些股票之所以红得发紫，往往并非出于股票自身的价值力量，而是因为投机者的力量才被抬到吓人的高度。从事信用交易的人交上好运时，可以在一夜之间发大财，交上坏运时，就会陷入绝境。如果有经纪人劝你从事信用交易时，请千万不要轻举妄动，要三思而后行。

1990 年巴菲特在致股东函中指出：

这些经理人应该已经收到了一些消息，当你发现自己已经深陷其中的时候，最重要的一件事是不要再继续挖洞了，不过在这个临界点还没有到来时，许多人虽然不甘愿但是仍然还在用力地挖洞。

巴菲特对于那种知道了自己已经深陷陷阱而不懂得自救，仍然还在继续挖洞的做法是相当不赞同的，因为那无异于自寻死路。

警惕"多头陷阱"

所谓"多头陷阱"是市场主力通过拉高股指、股价，佯装"多头行情"，引诱散户跟进，自己则乘机出货的行为，多头陷阱是市场主力常用的一种套牢股的方法。

"多头陷阱"通常发生在一种股票创新高价成交区内，股价突破原有区域到达新的高峰，然后又迅速地跌破以前交易区域的低点（支撑水准），具体地说，就是大盘指数（或者某种股票价格）创新高后，在其密集成交区内，突破原有区域再创新高，随后突然迅速跌破密集成交区的低点（支撑线）。那些在股指（或者股价）最后上涨时买进的人或在股指（或者股价）突破买进的人，都落入了这个陷阱。陷阱区域里成交量愈多，套牢者愈多。

例如，1994年，主力庄家将上证指数从333点一路拉升，并一举突破1000点的心理大关。按一般的经典技术分析，当股价突破原来的阻力线而创新高后，其上升势头仍将延续。许多股民根据突破重要关口理论，认为沪指至少会上涨到1200点，于是纷纷杀入股市大量买进。谁知庄家借此反手派发，股指应声回落，制造了威震一时的千点多头大陷阱，使不少股民在高位被套牢。

股民容易掉进多头陷阱，主要是因为庄家非常狡猾，为引诱散户上钩，"多头陷阱"一开始与"多头行情"差不多，都是股指、股价跳空开盘。高开高走，甚至击穿股指、股价之上档阻力位而创新高，成交量也随之放大，从技术图形上看可谓"形势大好"。此时，你很难做出正确选择。因为你难以预测下一步的走势。倘若是"多头行情"，随着成交量的不断放大，股指、股价持续上扬，做多者可获利；倘若是"多头陷阱"，随着成交量的不断放大，股指、股价掉头向下，做多者则会被高价套牢。

多头陷阱甚至也曾蒙骗并猎获过有绝佳经验的图形分析专家。因为在初期，股指（或者股价）到达一个新的高点时。看起来好像是继续着强势的信号。在一般的情况下，它也确实是照着比较规则的趋势演变的，尤其是股指（或者股价）突破至新的高点以后，更表现出该趋势会维持下去。然而一个突然的反转或陷阱随时可能出现，如果我们贸然行事，便正中庄家的下怀，跌入多头陷阱之中。投资者可以通过一个方法识别多头陷阱：看成交量及是否突破支撑线。多头陷阱一般来说恰好是成交量不大而且向下回档又跌破了支撑线。

许多股民亏损，就亏在多头陷阱里。他们把多头陷阱当作多头市场，以为股指会继续上攻，股价会继续上涨，于是纷纷抢进去，结果落入陷阱之中。因此，对于行情的突然上攻，一定要认真分析，看到底是多头陷阱还是多头市场，如果情况不明，则宁愿踏空，也不要贸然行动。

警惕"空头陷阱"

巴菲特曾说过："这种情况在可能发生重大自然灾害或金融风暴后很快改变，如果没有这类事件发生，可能还要再等上一两年，一直到所有的公司不能够承担巨大的损失时。"

上面，巴菲特所说的这种情况下是指大环境发生重大不利的情况，面对类似的情况投资者也要对空头陷阱加以识别，不要让自己陷在空头陷阱中。

空头陷阱与多头陷阱是对应的，是指市场主力利用资金优势、信息优势和技术优势，通过技术处理手段操纵股价和股价走势的技术形态，使其在盘面中显现出明显疲弱的形态，诱使中小投资者得出股价将继续大幅下跌的结论，并进行恐慌性抛售，而自己则乘机入货的市场情况。

在这里，我们主要介绍的是股指的空头陷阱，从形态上来讲就是股指（或者股价）从密集区以高成交量跌落至一个新的低点区域后，迅速回升到原先的密集成交区，并且股指（或者股价）还突破了密集成交区的阻力线。

例如，中国股市在1994年，沪指从1556点的高位一路狂跌到最后一个重要关口位386点。从技术意义上说，386点是沪股最后一道防线，一旦失守下面就是一马平川，不知何处觅底了。然而当时的"333主力庄家"正是针对这一分析理论，竭尽全力打穿这一最后防线，一直跌到333点，令广大投资者对后市产生极端悲观的情绪。一时间，大市要跌到200多点的悲观舆论充斥了整个市场，不少股民纷纷挥泪斩臂，撤离股市。就在这时，主力庄家却借三大政策的利好刺激，突然杀了一个回马枪，逆市狂升。333点成了一个历史性的空头大陷阱，那些斩仓离场的股民，落入了庄家精心设计的大圈套之中，损失惨重。

对于股市中的普通投资者来说，主要可以从五个方面进行判定识别空头陷阱：

第一，从技术形态上分析。空头陷阱在K线走势上的特征往往是连续几根长阴线暴跌，下破各种强支撑位，有时甚至伴随向下跳空缺口，引发市场中恐慌情绪的连锁反应，从而使主力顺利完成建仓和洗盘的目的；在形态分析上，空头陷阱常常会故意引发技术形态的破位，让投资者误认为后市下跌空间巨大，而纷纷抛出手中持股，从而使主力可以在低位承接大量的廉价股票。

第二，从技术指标上分析。空头陷阱会导致技术指标上出现严重的背离特征，但如果仅仅依据其中一两种指标的背离现象，仍然容易被主力欺骗，所以要观察多个指标是否在同一时期中在月线、周线、日线上同时发生背离。因为无论主力如何掩饰或骗线，多种指标的多重周期的同步背离现象都会直接揭示出主力的真实意图。

第三，从大盘的政策面上分析。需要了解从根本上影响大盘的政策面因素和宏观基本面因素，分析是否有做空的实质性利空因素，如果在股市政策背景方面没有特别的实质性做空因素，而股价却持续性地暴跌，这时就比较容易形成空头陷阱。

第四，从成交量上分析。空头陷阱在成交量上的特征是随着股价的持续性下跌，量能始终处于不规则萎缩中，有时盘面上甚至会出现无量空跌或无量暴跌现象，盘中个股成交也不十分活跃，给投资者营造出阴跌走势遥遥无期的氛围。恰恰在这种制造悲观的氛围中，主力往往可以轻松地逢低建仓，从而构成空头陷阱。

第五，从市场人气方面分析。由于股市长时间下跌，会在市场中形成沉重的套牢盘，人气也在不断被套中消耗殆尽。然而，在市场人气极度低迷的时刻，恰恰是股市离真正的低点已经为时不远了，如果这时股指仍非理性地下跌，将极有可能形成空头陷阱。

一旦我们发现市场上出现了空头陷阱，只需大胆建仓即可。因为空头陷阱的构筑阶段恰恰是投资者最佳的投资时机。谨慎的投资者可以等待大盘完成构筑空头陷阱的过程、股市彻底企稳后介入，这样虽然会失去一部分抄底的利润，但安全系数较高。投资经验丰富、操作水平较高的投资者则不妨乘大盘出现急跌时主动买套，中线持有。股市的历史证明，出现空头陷阱后大胆建仓将会获得丰厚的利润。

面对陷阱并不可怕,可怕的是不懂得自救。谁都知道股市有风险,投资需谨慎,可是真的每个人都能做到小心谨慎吗?此外,除了上面的陷阱,风险还来自整个股市的系统风险,当股市有泡沫的时候,再好的股票也不可避免地要出现水分,当市场释放风险的时候,所有的股票都不可避免。所以,要想赚钱真的要做到"心中有杆秤",不要被表象所迷惑。

思维 23. 危机中也许就蕴含着利益

危机是什么,危机就是危险和机遇。经营企业是充满风险的,事事如意、样样顺心的情况是罕见的。事实上,逆境多于顺境,失败、挫折、打击和危机,常常伴随着你的成长。但利用得好,风险也是机遇。

可以说,每一次市场危机都是一次绝佳的投资机遇。关键是投资者能不能利用好这些机遇。

因经济大环境不景气而引起股价的波动,事实上正好是那些以企业主的眼光进行长期投资的投资者的最佳投资时机。虽然所有的企业都会在全面经济萧条时受到伤害,但是经营体质强韧的企业和不堪一击的企业却很容易在这场战役中分辨出来。

在1996年伯克希尔公司的年度报告中,巴菲特指出,市场下跌可以用更低的价格买入股票,所以是好消息。他说:"我们面临的挑战是要像我们现金增长的速度一样不断想出更多的投资主意。因此,股市下跌可能给我们带来很多明显的好处。首先,它有助于降低我们整体收购企业的价格;其次,低迷的股市使我们下属的保险公司更容易以有吸引力的低价格买入卓越企业的股票，包括在我们已经拥有的份额基础上继续增持；最后，我们已经买入其股票的那些卓越企业，如可口可乐、富国银行，会不断回购公司自身的股票，这意味着，他们公司和我们这些股东会因为他们以更便宜的价格回购而受益。大体来说，伯克希尔公司和它的长期股东们从不断下跌的股票市场价格中获得更大的利益。"

巴菲特从市场危机中获益的例子不少。

在美国西岸，有一家财力雄厚、营运良好也最保守的银行，就是全美排行第七大的银行——威尔斯·法哥。在1990年和1991年，由于房地产的不景气，威尔斯·法哥银行在不动产贷放业务上出现13亿美元的账面损失，相当于每股净值53美元中的25美元。所谓账面损失，并不一定代表这些损失已经出现或者将来会发生，而是表示银行必须从净值里提存这笔金额，作为应付将来损失发生时的准备金。也就是说，万一这些损失已确定发生，就必须从每股净值中取出25美元来弥补，所以该银行的净值会从每股53美元减少为每股28美元。为了提存这些损失准备，几乎把该银行在1991年的盈余全数耗尽，导致当年该银行的净利只有2100万美元，约为每股盈余0.04美元。

因为威尔斯·法哥在1991年没有赚到多少钱，所以市场上立即对该银行的股价做出反应，从每股86美元跌到每股41.30美元，跌幅52%左右。巴菲特却即时买进该公司10%的股份，约500万股，平均价格每股57.80美元。

巴菲特通过分析认为，威尔斯·法哥银行绝对是全美经营良好、获利最佳的银行之一，但是该银行未上市，市场的股价却远低于那些和威尔斯·法哥并列同级的银行。在加州有很多居民、企业和许多其他的中小型银行，而威尔斯·法哥所扮演的角色，就是和其他的大型银行竞争，提供给上述居民、企业相关的金融服务，如存款、汽车贷款、房屋贷款等，或是对其他中小型银行做资金融通，通过以上的服务来赚取收入。

威尔斯·法哥银行所遭受的损失并不如预期的那般严重。到了7年后的1997年，其股价已经上涨到每股270美元。巴菲特的这项投资，得到的是约24.6%的税前复利回报率。

总之，如果已经证实某家企业具有运营良好或者消费独占的特性，甚或两者兼具，就可以预期该企业一定可以在经济不景气的状况下生存下去，一旦度过这个时期，将来的运营表现一定比过去更好。经济不景气对那些经营体质脆弱的企业是最难挨的考验，但经营良好的企业，在这场淘汰赛中，一旦情势有所改观，将会展现强者巨强的态势，并扩大原有的市场占有率。

中国有句老话叫：三百六十行，行行出状元。哪一行做好了都会赚钱，都有商机。在会发财的人眼中事事、时时都能赚钱，于是他们的钱越赚越广、越赚越多。

有人说："再容易做的生意也有亏本的，再难做的生意也有赚钱的！有的客户跟我抱怨说他们市场不好开发，但是也有客户却每个月都会要货，而且数量保持稳定。人们常说这一行不好干，那一行不好干，总是感觉这个行业饱和，那个行业饱和。自己做的时候不知道怎么做，感觉力不从心，为什么还是有人做得有声有色呢？"

其实，只要你去干，肯吃苦，肯动脑子，都能干出来，哪一个行业里都有经营，哪一个行业里都有赔钱的。在饱和的市场有人赚钱；同样在一个正红火的行业里，也有人不赚钱。

1992年上海发行"股票认购证"。当时，在炒股者已经赢利，新股发行供不应求之时，为避免排队购买带来的一系列社会问题，政府决定无限额发行"认购证"，每证收费30元，发行结束后，摇奖决定有效认购证及其所购股票品种。有意思的是，绝大多数居民对此都不热心，总共才发行了200多万张，而结果中签率高达50%以上，每张有效认购证所购的股票在"正常"的行情范围内，轻易便可以赚至数千元，高的甚至达万元以上，有一个叫范晋的人就看出了发财的机遇，他一下子买了几百张，狠狠地赚了一笔。

许多市民在这个过程中之所以会错失机遇，就在于他们对"认购证"的中签率做了过于消极的界定。确实，每张认购证赢利再高，也挡不住中签率下降带来的冲击。但也恰恰因为他们害怕中签率低而不敢购买，才反过来大大提高了中签率。

他们的成功源于，在激烈的竞争中，一些在别人看来无足轻重的事物，他们却往往会从中看到巨大的商机。正如罗曼·罗兰所说："世界上并不缺少美，而是缺少发现。"在生意场上，同样不缺少商机，只是缺少发现。

其实不管行业怎样千变万化，"市场"总是有机会。"市场"是经济发展的"舞台"，许许多多的有志之士通过这个"舞台"导演出一幕幕有声有色的话剧来，剧有时演得好，有时也演砸了，不管怎样"市场"这个舞台始终是充满活力的。

可以说，世界上任何危机都蕴含着商机，且危机愈重商机愈大，这是一条颠扑不破的商业真理。

危机常在，而巧渡危机的智慧并不是每一个投资者都具有的。作为一个优秀的投资者，不但要善于应对危机，化险为夷，还要能在危机中寻找商机，趁"危"夺"机"。

思维24. 复利投资——让钱生钱

大部分做投资的人都知道复利这个概念，复利就是"利生利"，就是把每一分赢利全部转换为投资本金。复利投资就是不断地将收益继续投入的一种投资方法。

有一个古老的故事，一个爱下象棋的国王棋艺高超，任何人只要能赢他，国王就会答应他任何一个要求。一天，一位年轻人终于赢了国王，年轻人要求的奖赏就是在棋盘的第一个格子放一粒麦子，在第二个格子中放进前一个格子的两倍，每一个格子中都是前一个格子中麦子的两倍，一直将棋盘的格子放满。国王很爽快地答应了，但很快就发现，即使将国库中所有的粮食都给他，也不够百分之一，因为即使一粒麦子只有一克重，也需要数十万亿吨的麦子才够。

这就是复利的秘密！尽管从表面上看，虽然起点很低，但经过很多次的乘积，最终的结果会变成庞大的数字。影响财富积累的因素有三个，一是具备增值能力的资本，二是复利的作用时间，三是加速复利过程的显著增长。显然，尽早开始投资并享受复利，是让资金快速生长的最好方式。

爱因斯坦称复利为世界第八大奇迹，其威力比原子弹更大！巴菲特就是靠复利创造了财富积累神话。

巴菲特认为复利有点像从山上滚雪球，最开始时雪球很小，但是当往下滚的时间足够长，而且雪球粘得适当紧，最后雪球会很大很大。

投资界变化无常，对一个投资者来说，一时的暴利并不代表他在长期（数年甚至数十年）内的赢利，但是，微利却可以转化成长期内的巨大赢利。什么东西能使微利变成巨大的赢利呢？这个工具就是复利。

复利就是人们俗称的"利滚利""利叠利""利生利""利长利"，是一种计算利息的方法，按照这种方法，利息除了会根据本金生成外，新得到的利息同样可以生息。复利计算的特点是，把上期末的本金加赢利作为下一期的本金，在计算时每一期本金的数额是不同的。

复利看起来很简单，也很容易理解，但真正了解它在财务上的意义、真正理解它的真谛的人并不多。

复利的功能到底有多强大呢？

复利的计算公式是：

$$S = P(1+i)^n$$

其中：$P=$ 本金；$i=$ 利率；$n=$ 持有期限

例如，一个投资者每年都将积蓄的 50000 元进行投资，每年都能获得 3% 的回报，他将这些本利之和连同年金再投入新一轮的投资，那么，30年后，他的资产总值将变为：50000×（1＋3%）^30。

可以用这样一个简单的例子来描述复利的巨大力量："如果你新设一家公司，只发行100股，每股10美元，公司净资产1000美元。一年后，公司的利润是200美元，净资产收益率为20%。然后，将这些利润再投入公司，这时第一年年底公司的净资产为1200美元。第二年公司的净资产收益率仍为20%，这样到第二年年底公司的净资产为1420美元。如此运作79年，那么1000美元的原始投资最终将变成1.8亿美元的净资产。"

巴菲特说："在长期投资中，没有任何因素比时间更具有影响力。随着时间的延续，复利的力量将发挥巨大的作用，为投资者实现巨额的税后收益。"

1962年，在巴菲特合伙公司的年报中，巴菲特特意推算了一下："根据不完全资料，我估算伊莎贝拉最初给哥伦布的财政资助大约为3万美元。如果不考虑发现新大陆所带来的精神上的成就感，需要指出的是，整个事件所带来的损失并不仅仅是另一个IBM。因为粗略估计，最初投资的3万美元以每年44%的复利计算，到现在（1962年）价值将达到2万亿美元。"这就是复利的力量。

所以，巴菲特认为，复利是世界上最神奇的事物之一，运用这个神奇的效能使他的投资以可观且富戏剧性的比率增长。

在复利方面，巴菲特的确是一个高手。巴菲特寻找的，便是那些可能在最长的时间获得年复利回报率最高的公司。自从巴菲特1965年开始管理伯克希尔公司到2004年，伯克希尔复利净资产收益率为

22%。也就是说，如果你在1965年把1万美元交给巴菲特管理，巴菲特用长期持有的策略，然后通过复利的力量，到2004年，你的1万美元就变成了2593.85万美元。由此可见，巴菲特对复利的运用是多么的老练。

作为必须纳税的投资人，以同样复利利率增长的连续单一投资，比连续重新循环投资能够实现远远多得多的回报。

回报率的影响主要是对最终的价值数量有巨大的杠杆作用。一般来说，时间越长，回报率的微小差异对长期价值产生的作用就越明显。例如，以6%的年回报率计算，30年后，最初的1美元将增值为5.74美元。以10%的年回报率计算，同样是最初的1美元，时间也是30年，其增值后的金额则达到17.45美元。虽然这两者的差异只有4%，但最终的价值差异却高达3倍。这足以激起任何一个人的好奇心。

一年的收益率多少值得满意？从中国股市2006、2007年的行情来看，大盘指数翻番看起来很平常，有的股民年收益可以达到五六倍甚至10倍以上，而从一个比较长的时期来看，像2006、2007年这样好的行情的次数毕竟不多，能够取得这样高收益的投资者更是少之又少。从国际上运作股票比较好的投资人士来分析，股神巴菲特的平均年收益率不超过30%，最优秀的基金经理彼得·林奇的长期投资收益率也只有29%左右，即使这样的业绩也足以让他们笑傲股市了。这么低的收益率怎么能够让这些国际股神排名世界前列呢？这就是复利的力量。

让我们看一组数字，假设20万元的本金按照20%的速度递增，

20年后，你知道有多少钱吗？766万元，而如果是以30%的速度递增20年，这个数字将变成3800万元；所以，复利又被称为钱生钱的核武器。

复利的效应被人们"想当然"、"自以为是"的"常识"所误解：有人曾做过一个实验，如果你有1000元今天拿出来投资，常年的复利报酬率有34%，那40年后这笔投资会有多少？被实验者所给的答复多是介于1万元到100万元之间，答得最高的是位主修经济学和统计学的说是1000万元，其实真正的答案比1000万元还要多而且是多到10倍以上，答案是12000多万元，也就是说1000元的投资40年后就取得12万倍以上的报酬，就是区区一元钱也已经变成12万元的现金！

复利的魅力有两个，一个是时间，另一个是收益率。相同收益率的情况下，时间越长收益越大，并且收益会越来越高。以10%收益率为例，5年后资产将为1.6倍，而10年后资产将是2.59倍，20年后资产是6.73倍，30年后资产将是17倍，同样的收益率由于时间的不同收益差异将非常大，不是简单的数学累加。而相同的时间下，收益率越高，整体收益也越高，并且差异会非常大，以30年为例，如果收益率为10%，则资产会翻17倍多一些，而如果是15%，则30年后的资产将翻66倍多，而20%的收益率资产将翻237倍还多，收益率仅仅增加了一倍，而收益却翻了10倍还多。

所以，我们在资金收益方面，应该至少保持两个条件，一是尽量追求较高的年收益率，即使只有细微的差异，但长期的复利增长将使资产间差异越来越大；另一个是尽量投资更长的时间，能投资30年就不要投资20年，而能投资10年就不要投资5年，尽可能地保证最大的复利。

要正确地理解和运用复利概念还是要从复利的"三要素"开始，一直以来决定投资成功的这"三要素"始终如一：

（1）投入资金的数额；

（2）实现的收益率情况；

（3）投资时间的长短。

下面分别对这"三要素"进行一些说明：

（1）投入资金的数额：其实我们应该明白这样一个事实，今天投入的一万元会变成若干年后的一百万元或更多，其实勤俭节约、善于积累是投资成功一个最基本的条件，资本的积累带有"残酷"和"抑欲"的特征，几百年前资本家的理财方式在今天仍然有效，复利的基本要求之一就是把每一分赢利全部转换为投资本金而不能用于消费否则复利的作用就要大打折扣，在市场上很多人在赢利的时候轻易地把赢利部分消费掉而在亏损的时候却不得不缩水本金——这是永远也无法积累财富的。

（2）实现的收益率情况：我们可以看出财富的积累并未对收益率有苛刻的要求，暴利并不是富裕的必要条件，但对暴利的渴望与贪婪几乎成为市场所有参与者的唯一目标，一切超凡的报酬率都是不可能持续的这是经济规律，在你轻松地获得50%的赢利时也有可能莫名其妙地亏损掉50%，较高的赢利水平被相对较高的风险给平衡掉了，其实稳重、保守、持续、适当的长年报酬率才是真正的成功之道，依靠年复一年的复利作用少少的一点钱也能够成为一笔天文数字的资产。

（3）投资时间的长短：想要成功投资切记不要急功近利，巴菲特成名前有过数十年的艰苦学习和奋斗，时间是财富积累最佳的催化剂，我们的投资计划一定要是一个长期的投资计划，即使是短期的投资计划也必须置于这个长期投资计划的框架内，我们投资得越久，那个最后五年或三年所能够取得的报酬额就越是惊人。对复利概念全面深刻地理解将对我们的投资方式产生深远的影响。成功的投资像漫长而艰苦的马拉松比赛，也许只要你能跑完全程，就是一个胜利者。复利也许揭示了成功投资最简单的本质。

据说爱因斯坦还发现了一个72法则：

简单地说，"72法则"就是用72去除复利收益率，就能获得本钱翻一番的时间。比如，年复利收益率是9%，那么本钱翻一番的时间就是8年（72÷9=8）。同样的道理，假如复利收益率是12%，则每6年本钱就可以翻一番（72÷12=6）。如果收益率是18%，则每4年本钱就可以翻一番（72÷18=4）。

"零存一千元，整取一千万"，如果你每月固定购买1000元基金，而你买的基金保持10%以上的年增长率，那么20~40年后你就能得到10000000元。

很多人都认为，投资得有一大笔钱才能开始，他们认为，投资一次性至少也得是万儿八千的，否则就没什么意义。但是，富翁的钱也是从1元钱攒起来的,财务自由不是一天就可以实现的。

你现在节约下来的每1元钱,都是你将来的财务自由的每1元坚固基石。攒钱是如此,花钱也是如此,花20元钱和40元钱也许一次比起来没有什么区别,但时间长了,所产生的贫富差异却十分悬殊。

像巴菲特一样成为亿万富翁就是这么简单!

知易行难!

就从现在开始做起吧!

思维25. 拒绝盲目跟风,先下手为强

孙子曰:凡战者,以正合,以奇胜。具体来说就是如果拥有优势兵力,那么就用正兵合战,打垮敌人,如果兵力并不占优,甚至处于下风,就要考虑用奇兵制胜了。如果将大单分析比作"正兵",那么小单分析就是"奇兵",奇正相依。

我们都知道,在股市中主力和散户往往是对立面,如果某只股票主力介入的程度大,那么散户介入的程度就相对较小,反之亦然。简单地说,主力吸筹完毕,准备拉升时,散户的成交比例往往是相对较小的,而主力拉升完毕出货时,散户成交比例往往是相对较大的。因此,如果当我们在分析大单时遇到障碍,从小单分析上却往往能出奇制胜。

巴菲特曾说过:"只有在华尔街,你才会看到有人开劳斯莱斯上班,却听取搭地铁上班者的意见。真正的投资者总是远离市场,远离人群。"

《乌合之众》一书讲:人群中积聚的是愚,不是天生的智慧。炒

股的心态与你与人群的距离成反比，不要推荐股票，少去谈论股票，与市场的人群保持距离，与每日的价格波动也要尽量远点，不要让行情搅混你本已清澈的交易理念。在股市这个嘈杂的市场里，是最应该自守孤独的地方。知止而后能定，定而后能静，静而后能安，安而后能虑，虑而后能得。

世界上所有生意都是由供求关系决定的，善于发现供求之间的流向，把握供求之间的机会，也就把握了生意的本质。比如，一个新鲜产品或是新的行业，刚开始能够吸引很多消费者，老百姓也对这个行业比较看好。于是很多商人就认为这个行业肯定能赚大钱，就不管三七二十一，把钱往里面投。但是他们不知道，一艘船再大，也是有限度的，人一旦多了，就必然会使得一些人掉入水中，有时甚至还会导致事故船翻，大家都把钱丢进水里。

相反，有些商人处事冷静，遇到这种情况并不是盲目地一味跟风，而是认真仔细地分析这种炒得"热闹"的行业，透过现象看到本质。

同样是做生意，你起步晚了或慢了半步，人家就抢先成功了，商场上竞争是空前激烈的，据说在日本的那些知名企业里，每五秒至一分钟就可获得世界各地市场行情的变动情况，而商人面对每时每刻都在变化的市场，错过一分一秒就可能导致失败。

如果经营思想陈腐守旧，产品多年照旧，行销方式消极呆板，销售渠道狭小不变，不仅不能先人一步，反而要落人几步，肯定会被竞争对手拖垮，被市场的波涛淹没。

一个成功的商人或投资者，要做到让自己的决策先人一步，这样才能让自己的事业高人一层。

一般的投资者总是看别人的投资方向。别人干什么我就干什么，别人能挣到钱我就一定能挣到钱。而聪明的投资者喜欢"先吃第一口，先迈第一步"，就能领先别人好多步；先人一步，"钱"途无量。

巴菲特如是说：看到我们的超高的报酬率，大多数的投资者可能都会忍不住高呼着口号勇往直前。

不过如果考量去年股市的情况的话，你就会发现任何一个投资人都靠着股票的飙升而大赚了一票。殊不知经过股市的狂风巨浪，又有多少人能够安全地到达彼岸呢？

盲目跟风是常见的一种股民心态误区。盲目跟风是指股民在自己没有分析行情或对自己的分析没有把握时，就盲目跟从他人的心理倾向。心理学家认为，每个人都存在着一定程度的跟风心理，很容易受到他人的影响。在股市上也不例外，市场上的交易气氛，往往会或多或少地对投资人的决策产生一定的影响。到证券公司营业部现场从事交易的投资人，大都有过被交易气氛所左右，最后身不由己地跟着气氛买进或者卖出的经历。盲目跟风往往使投资人做出违反其本来的决定，如果不能理智地对待这种从众心理，则往往会导致投资失败，利益受到损失。

1968年，华尔街股市呈现出前所未有的繁荣，道·琼斯指数一路上扬，交易厅里人头攒动，报单如潮，几乎令人喘不过气来。人们争相传递一个能够发财的股票信息，又同时被急剧而来的财富迷乱了心窍，一时间，华尔街仿佛遍地是黄金，俯仰之间便能成为百万富翁。

面对如此繁荣的股市，巴菲特在将近半年的时间内却一直少有举措，他更多的时间只是观察思考。大潮滚滚，巴菲特冷静旁观，拒绝被"金钱"所诱惑，其心志和毅力确实无人能比。

在华尔街股市的鼎盛期，巴菲特宣布解散合伙人企业。一个专注于股市投资的合伙人企业宣布解散，声名显赫的沃伦将要退出股市经营，对于这个消息，投资者感到震惊，同时也无法理解，但事实证明巴菲特是富有远见的：股市的牛气渐尽，指数几度飘摇，令人胆战心惊。人们这时才想起来自奥马哈的巴菲特和那个被解散的合伙人企业。

2000年，全世界股市出现了所谓的网络概念股，一些亏损、市盈率极高的股票一沾上网络的边便立即鸡犬升天。但巴菲特却不为所动，他称自己不懂高科技，没法投资。一年后全球出现了高科技网络股股灾，人们这才明白"不懂高科技"只不过是他不盲目跟风的借口。

事实上巴菲特在任何事上都快人一步。格雷厄姆能够把满是一栏栏数字的一页纸浏览一遍，然后指出其中的一个错误，这能力让他的学生惊叹不已。

而巴菲特比他更快，杰里·纽曼的儿子霍华德·纽曼也在那里工作。他说巴菲特聪明绝顶而且又很谦虚，他比格雷厄姆更胜一筹。

他只是在寻找不同寻常的获利机会，一旦机会出现，就会猛扑上去。巴菲特执意不肯透露自己的股票，因为他担心别人会模仿他，如果他要更多地买进，他就得花更大的费用。他不和任何人提及此事，他甚至害怕说梦话，因为他的妻儿可能听到。

但在他的森严戒备之后，他生活在一种格雷厄姆的幻想之中，一个又一个地选出廉价的小股票。他的才智并没有反映在他的经营范围上，那只局限于投资业，而是蕴藏在他的精神之中，他的整个精神都凝聚在一个绝妙的发泄中。就如同他在孩提时代分发报纸一样。他一个公司接着一个公司地分析着，然后记在脑中。一旦某个公司变得便宜了，他便猛然出击。

对于从小就习惯于与群体和社会保持一致的大多数投资人来说，在股市中要摆脱追随大众的思维，坚持自己独立的判断，需要很大的勇气与自信。巴菲特在伯克希尔公司2000年的报告中引用了凯恩斯的名言："困难的是摆脱旧思想的束缚，而不是新思想的运用。"做到与众不同确实不易，但是，这是投资取胜的关键。

20世纪80年代在人们的记忆中，被认为是改变了财务管理界的10年。计算机程式交易、举债收购、垃圾债券、衍生性金融商品和指数期货，如人们所预料地震惊了许多投资人。在基金经理人之间的那些界限已经变得模糊；基础证券研究在弹指之间已经被计算机所取代；黑箱作业取代了经营访问和调查；自动化代替了直觉。今天，一般投资人已经变得不再容易被蛊惑，并且与金融市场疏远了。随着大多数的基金经理人无法再为他们委托人的投资组合增加资产价值，我们可以很容易地了解到消极的指数投资为何如此受到欢迎。

在20世纪80年代后的数十年中，又产生了许多不同的投资方法，如小资本化、大资本化、成长法、价值法、动态法、主题法、产业循环法等，都曾证明它们在投资上是有益的。但有的时候，这些方法也不管用，而使它们的追随者无法突破瓶颈。巴菲特则是个例外，他还没有经历过投资策略无效的时期。他的投资绩效被广泛证明是持续的领先者。当投资人和投机者都分心于寻找更好的投资策略时,巴菲特已经悄悄地聚集了一笔数十亿美元的财富。自始至终,他都将投资当作一种企业经营活动,而以一般常识作为他的投资哲学。

巴菲特对投资的独特认知,使他对证券分析师、技术分析师、基金经理人、财务顾问等持不屑一顾的态度。其独特的投资认知主要体现在以下几点。

(1)不需要阅读证券公司的报告

证券分析师的工作,就是将所有股票列入三个等级之一:应该买入的好股、应该继续持有的中等股和应该卖出的坏股。大半的股票分析师都附属于证券公司,而证券公司的生存能力,还取决于股票的交易量。因此,为了增加营业额,股票价格的极度波动对证券公司是一大好事。

基金经理也是股票分析师报告的一大使用者。美国的基金经理也喜欢交易频繁,一来是可以吃散户投机者的钱,二来可以从证券商会获得丰厚的佣金。

这使得证券分析师和基金经理的股票建议,在类似巴菲特这样的长远投资人眼光看来,非常的漂浮不定。巴菲特把这些分析师和证券商、共同基金经理贬称为思想和行动上过度情绪化的旅鼠。

试想,证券分析师是从一万多家上市公司中分析出几百家给投资者,而巴菲特只要投资区区几家公司,他们就没有本事了。

常常有人将一些证券公司分析师的报告给巴菲特看,问他的意见，他一般会很礼貌地收下来，但会不会花一分钟去翻阅，却不一定。

（2）不相信技术分析

技术分析是每个投资者都很关心的事项，就像六合彩、赌马那样，因为时对时错，因而能够满足那些寻找刺激感投机者的心理。但这是否是聪明的投资人应该使用的选股方式呢？

巴菲特曾经在刚刚开始投资时被它吸引了短短的一段时间，幸好很快就知错能改，从而避免了亏钱。世界最成功的基金经理彼得·林奇也是不相信技术分析的。被称为现代金融学之父的法玛教授甚至称技术分析为"占星术"。

巴菲特提醒投资者，技术分析不能为你长期赚钱。他说："你有看过技术分析师鼓励他的孩子以他的技术分析法选股投资的吗？但他们可能会鼓励孩子学他当技术分析师，尤其是当你明白这个行业可以不停地吸引到还未烧到手的人一试，而且每个课程你都可以每人收取几百甚至上千元的学费。每个技术分析师都深懂期货经纪人也懂得的致富秘诀：只要自己不玩，肯定发达。"

现在在股市上。我们可以看到这样的现象：逢牛市时，大家都谈论股票如何好赚。入市的人最多，成交量猛增，达到了"天量天价"。这种"繁荣"其实是由于股民的从众心理造成的。因此我们常看到达到天价的股票持续不多久，突然下跌，受害人就非常多。

正是由于大多数股民没有去思考股市的真正情形，只会跟势，才造成了在人气最弱时不敢买入，等到大家疯狂抢进时才跟随进去的现象。而实际上，买入的最佳时机是在景气最低、成本最小之时；景气最热、价位走高、利润最大之时则是卖出的最佳时机。在低位时买入的风险很小,而逢高位买入的风险很大,可能会导致血本无归。

所以,股市上有"十人炒股七人亏,另有二人可打平。只有一人能赚钱"的说法,这是对那些总想紧跟大势的投资者的最好忠告。

思维 26. 下跌是大好机会

众所周知,股市投资中真正有眼光有见识的成功投资者,都有一个最大的共同点:在坏消息时买,在好消息时卖。美国华尔街就有这样一句话,"其实股市的下跌如一月份的暴风雪是正常现象,如果有所准备,它就不会伤害你。每次下跌都是大好机会,你可以挑选被风暴吓走的投资者放弃的廉价股票"。

听到坏消息就抛售股票的"坏消息现象"在股市中十分普遍。坏消息意味着股价下跌,也意味着巴菲特眼睛将要放出夺目的神采。

比如,1977年夏天,道琼斯工业股票的指数猛跌到800多点,远低于平均水平1969点。原因是70年代中期美国的经济不景气,所有报纸的头版都登着绝望的消息:美元贬值,日元升值,伊朗的原教旨主义者,尼加拉瓜的红色军团,石油输出国组织活动频仍,国内能源短缺,人们普遍认为美国的作用在削弱。表里不一的尼克松被赶下台了,换上来的吉米·卡特却有德无能。

特别是1990年8月伊拉克侵占科威特以后,华尔街再次陷入恐慌,借出钱的人想把钱收回来,本来可以借几百万美元的公司也发现窗子紧紧地闭上了。

这时候，出现了历史上最严重的企业倒闭潮，大额债券不履约也频频发生，满是大额债券的弗雷德·卡尔的保险公司成了历史上倒闭的最大的一家保险公司。而刚刚从国外债务危机中恢复过来的各大银行发现自己不得不面临着国内的许多致命打击。银行倒闭像传染病一样从得克萨斯席卷佛罗里达、新英格兰和大西洲中部各州。忧心如焚的人聚集在投资研讨会上讨论花旗银行是否会倒闭。

但巴菲特和大众的步调相反。尽管伯克希尔的股票和其他股票一样也下跌了（那年的最低价是 5500 美元，比最高价跌了近 44%），但巴菲特在这种情况下的状态总是最好的。如果价格太高了，他反而会得恐钱症；但在世界一片黯淡时，他却有着致命的本能。

在情况最坏的 1990 年，在人们的一片质疑声中，巴菲特买了旧金山银行业中的巨人韦尔斯·法哥 10% 的股票。当时，韦尔斯·法哥是给加州房地产业贷款最多的银行，而这些钱能否收回则是个未知数。

巴菲特对这些很清楚。一般来说，巴菲特不喜欢银行，因为局外人不知道贷款的利用情况，等知道了又往往为时已晚。但他却在这家银行上坚持了好几年。韦尔斯·法哥在加州有许多特权，它的利润在全国大银行中也是一流的。它的董事卡尔·理查德也像汤姆·默菲一样善于压缩成本。在过去的困难时期里,理查德卖掉公司的飞机——一种巴菲特欣赏的牺牲，并冻结了高级领导人的工资。他避开了许多一时的热潮，比如说给其他银行带来巨大损失的给拉美的贷款。巴菲特还知道，理查德和银行二把手保罗·汉森曾在 70 年代紧紧咬住了地产贷款并躲过了当时的房地产大崩溃。

这些情况并不意味着韦尔斯·法哥在今后一两年内前景乐观。但巴菲特考虑的时期远不止今后一两年。这家银行资金雄厚，它应该可以渡过这次难关。

巴菲特在报告中称，一个坏年头"并不能折磨我们"。由于别的公司都饱受折磨，巴菲特因此可以在挥泪大甩卖的平均价格 58 美元时买下了 2.9 亿美元的股票。有人在描述韦尔斯·法哥的熊市时讥笑说，这下"奥马哈的聪明人巴菲特"一样也逃不了。就连巴菲特的一些伙伴也认为对韦尔斯·法哥的赌博行为是种背叛。他们甚至说："这使我们感到不安，巴菲特犯了个错误。"好像是《圣经》里说的一样。在形势最糟的时候，曼哈顿的一位朋友电话"警告"他说威尔斯可能会遭受大笔罚金。巴菲特平静地说："会知道谁对谁错的。"

令巴菲特不高兴的是，萧条结束得太快了。当 1991 年年初美国向伊拉克开战时，股市重振了。战争只持续了 6 个星期，但股市复兴却持续了很长一段时间。当年 7 月份，道琼斯突破了 3000 点。

在 1979 年的一封信中巴菲特写道，他吃惊地发现养老基金会的经理们那年只把手头 9% 的钱花在股票上，再没有比这更胆小的事了。他们本该是"一群理论上说最该保持长期投资的人"。他忍不住加了一句："对此我们不能不感到高兴。"——他指的是伯克希尔的投资组合。

有时候，巴菲特中意的股票俯仰皆是，可就是没人愿买。当坏消息传出，股市变熊市的时候，没人不说股票便宜，可惜直到熊市过后，很多投资者还在等着"看清形势"。他们总是说："还有些问题不明朗。""股价很低并不意味着人人都要买进，将来的形势还取决于许多棘手的问题。"

《商业周刊》曾经做出了最让人揪心的预言，它1979年8月的一期刊物的封面题目就是"股票完了"。文章很有创意，它仔细描述了股市的不景气。因此，它说，人们应该投资于货币市场、快速食品或稀有印花，股票当然该让位了。股价太低了，迟迟不见回升就是股市死亡——不仅仅是不景气——的证明。无论如何，美国经济必须承认股票永远死了这一事实——也许将来会恢复，可绝不会太快。

但事实上，这种说法很偏激。因为将来的事没人知道，很多人是在大家都看好时才花高价买进，结果惨被套牢。而唯一正确的真理是，不确实性其实一直伴随着长期投资者。

一般来说，投资者经常在坏消息下过度悲观而导致证券价格下跌过度，在好消息下经常过度乐观而导致证券价格上升过度。

根据过度反应的内涵，不难看出，在过度反应现象下，市场上会出现以下两种等价现象：（1）股票价格的异常波动将会伴随随后的价格反方向运动，即超涨的股票在修正中补跌，而同时超跌的股票则会补涨；（2）股票价格的异常波动幅度越大，在以后的反向修正中其调整幅度也越大。这两点已被许多实证结果所发现，这就是我们常听说过的"过度反应"。

当坏消息传来的时候，投资者对未来市场把握不定，甚至是过度低估了市场的潜力，尤其是证券分析师等专业投资者，他们往往对坏消息频传的市场胆战心惊，不能根据上市公司最近出现的增长而对原来的赢利预期进行足够的修正，导致低估其价值，而错过大好投资机会。这可能就是失败投资者和成功投资者的根本差别所在。

第五章
价值投资——巴菲特永不过时的投资法则

在巴菲特40多年的股票投资活动中,他一直奉行并且遵从价值投资。他十分重视对企业内在价值的考察。他认为,市场中的非理性行为,有时会使一些股票的内在价值低估或高估,而股票的合理价值,最终会在市场中得到体现,这样买入内在价值被市场低估的公司的股票,投资者就可以安全地获利。

思维 27. 注重投资的内在价值

1934年年底,巴菲特的恩师——格雷厄姆,与戴维·多德(David Dodd)合作完成了他酝酿已久的《证券分析》(Security Analysis)。这部划时代的著作标志着证券分析业和价值投资思想的诞生。这本巨著在过去70年间共发行了五版,被誉为投资者的"圣经"。

格雷厄姆认为,股票是具有"内在价值"的,巴菲特则很好地继承并完善了这一观点。他认为,"内在价值是一个非常重要的概念,它为评估投资和企业的相对吸引力提供了唯一的逻辑手段。内在价值可以简单地定义如下:它是一家企业在其余下的生命中可以产生的现金流量的贴现值。"投资股票就是因为它具有内在价值,所以才值得投资。

在巴菲特40多年的股票投资活动中,他十分重视考察企业的内在价值。他确信,由于市场的非理性行为,某些股票的内在价值有时会被市场低估或高估,而股票的合理价值,最终会在市场中得到体现,这样买入内在价值被市场低估的公司的股票,投资者就可以安全地获利。

目前,巴菲特只持有吉列公司的普通股,这不同于先前持有的可转换优先股。可转换优先股属固定收入证券,普通股则是一种直接的权益承诺。换句话说,巴菲特若想继续持有该普通股,之前肯定已经确信投资吉列是有价值的。

巴菲特一般根据企业的内在价值评估和把握公司状况,并判断其未来境况是否光明远大。当时吉列公司各项财务指标,包括权益资本收益率和税前盈余率，都在不断提高。而且，吉列有提高产品价格的能力，这保证了其权益资本收益率高于平均水准，公司的商誉也会随着产品价格能力不断提高。公司的高层管理者一直在尽力减少吉列公司的长期债务，努力提高公司股票的内在价值。这些都表明吉列股票值得购买，但巴菲特还要考虑吉列公司当前股票价格是否被高估。

1990年年底，吉列的股东收益为2.75亿美元。从1987年到1990年，吉列的股东收益率每年以16%的速度增长。尽管4年的时间还不能充分判断公司是否具有长期成长性，但仍可作为一种参考的依据。1991年，巴菲特评价吉列公司和可口可乐公司时说："吉列公司和可口可乐公司是世界上最好的两个公司。我们坚信在未来的时间里，它们的收入将以更强劲的速度增长。"

1991年，美国政府发行的30年期债券到期收益率为8.65%，巴菲特为保守起见，以9%的折现率对吉列公司进行了估价，发现吉列公司收入的未来成长率完全可以超过折现率。假设吉列在10年内收入以年均15%的速度增长，10年后再以较低的5%成长率增长，那么以9%的折现率来折现吉列公司20世纪90年代的股东收益，吉列公司内在价值约为160亿美元。如果把吉列未来10年成长率下调至12%，公司内在价值则约为126亿美元，若下调至10%则约为100亿美元。即使成长率下降到7%，公司内在价值仍达85亿美元。由此可知，吉列公司内在价值符合投资条件。

由于吉列公司良好的管理水平，巴菲特对该公司的持续发展前景有很大的信心，在他40多年的投资生涯中，始终不遗余力地考察和研究企业的内在价值。为此，他也获得了巨大的投资收益率。

巴菲特认为，评估股票内在价值的最大难题，在于它必须根据公司未来的业务发展情况来进行，而未来业务发展具有动态性、不确定性，而且预测时间又长，所以很难精确。从这个角度看，内在价值的评估既是一门科学，也是一种艺术。而且它只能是一种估计值，不可能非常精确。但是，大致准确的价值评估所构成的区间范围，对股票投资决策仍然能起到应有作用。

思维28. 持续战胜市场的价值投资

1984年，在美国哥伦比亚大学纪念格雷厄姆与多德合著的《证券分析》出版50周年的庆祝活动中，巴菲特——这位格雷厄姆在哥伦比亚大学的投资课上唯一给了"A+"的最优秀的学生进行了一次演讲，他在演讲中回顾了50年来格雷厄姆的追随者们采用价值投资策略持续战胜市场的无可争议的事实，总结归纳出价值投资策略的精髓，在投资界具有非常大的影响力。

自1934年格雷厄姆提出价值投资理念后，证券市场经过近百年的发展，已经发生了翻天覆地的变化，不过，无论市场如何变幻，价值投资一直是有效的。巴菲特甚至认为，价值投资是唯一能够持续战胜市场的投资策略。

在巴菲特看来，几十年价值投资的实践已经证明，基于安全边际的价值投资能够取得超出市场平均水平的投资业绩，而且这种超额收益并非来自高风险，相反的，价值投资策略的风险相对更小。

巴菲特关于价值投资的收益更高、风险更低的说法，根据一些财务指标与股票价格的比率分析（价格与收益比，价格与账面值比、价格与现金流量比等）表明，投资于低市盈率、低股价股利收入比率、低股价现金流比率的股票，能够取得超额投资利润。这些指标尽管并不能直接表示安全边际的大小，但可以间接证明比率较低的公司股票相对于比率较高的公司股票可能被低估，所以，相对而言具有较大的安全边际。因此，给普通投资者采用价值投资策略提供了更多的依据。

价值投资者利用价格与价值的偏离，以低价买入目标股票，以更高的价格卖出自己以前低价买入的股票。那么，价值投资原理为什么有效呢？也就是说，股票市场中价格与价值为什么会这样波动呢？

在股票市场中，价格为什么会经常偏离价值，而且在价格偏离价值经过相当长的时间后，价格为什么会回归价值呢？

这是所有价值投资人都必须思考的最重要的问题。因为认识市场的波动规律，对于投资人战胜市场具有非常重大的意义。

其实，价值投资能持续战胜市场的关键在于股市波动，合理利用价值规律。

巴菲特回忆在为格雷厄姆—纽曼公司工作时，他问他的老师兼老板格雷厄姆："一位投资者如何才能确定，当一家股票的价值被市场低估时，它最终将升值呢？"格雷厄姆只是耸耸肩，回答说："市场最终总是会这么做的……短期来看，市场是一台投票机；但从长期来看，它是一台称重机。"

格雷厄姆曾将股票市场的波动归为一种神奇的现象。

1929年,格雷厄姆参加了一次由美国国会举行的听证会。参议院银行业委员会主席威廉·富布莱特问格雷厄姆:"最后一个问题,当您发现了某个特殊的情形,并且您仅凭个人思考判断您可以用10美元买入一只股票,而它的价值是30美元,于是您买进一些股票。但只有当许许多多其他的人认为它确实值30美元的时候您才能实现您的利润。这个过程是如何产生的——是做宣传呢,还是什么别的方式?是什么原因促使一种廉价的股票发现自己的价值呢?"

格雷厄姆回答道:"这正是我们这一行业的一个神秘之处,对我和对其他任何人而言,它一样神奇。但我们从经验上知道最终市场会使股价达到它的价值。"

作为价值投资的先行者,格雷厄姆认为投资者应当寻找一个合理的价位来买卖股票。他甚至认为,投资者应当力争在股票价格最低的时候再买入。巴菲特虽然也认为投资者应当耐心等待买入时机,但不应当奢求能够在最低点买入。

巴菲特和格雷厄姆都主张价值投资者应认识到企业财务报告的重要性,但巴菲特同时也看重企业其他许多无形的东西,如管理者的素质,产品有无大众化的市场,企业有无特许权与定价权等。巴菲特强调,只有财务报告与企业的其他因素都满足自己的条件时,他才可能会考虑买入。否则,不管企业有多强的赢利能力,而它的产品与市场如果不能被理解的话,他还是不会对它感兴趣。一旦巴菲特选择了某只股票,而且认为它当前的价格正是非常不错的买入时机,他便不会过多考虑股价是否到了最低点。他说:"我现在要比20年前更愿意为好的行业和好的管理多支付一些钱。"

事实上,一般投资者做出正确决策的依据并非建立在他是否看懂了企业的财务报表,而是取决于他对商业的理解能力。在巴菲特看来,投资股票和证券与其他商业活动没有太多的区别,衡量企业的一些基本量尺在这里依然有用。

在当今社会,价值投资越来越引起人们的关注,但真正能这样做的人并不多。因为价值投资的概念虽然不难懂,但人们却很难真正这样实践,因为它与人性中的某些惯性作用是相抵触的。投资者习惯了"旅鼠式"的行动,如果让他们脱离原有的群体,是非常不容易的。就像巴菲特所指出的那样:"在我进入投资领域30多年的亲身经历中,还没有发现应用价值投资原则的趋势。看来,人性中总是有某种不良成分,它喜欢将简单的事情复杂化。"

思维29. 投资是经营企业的一种方式

证券市场中,很多投资者只是机械地买进卖出,很少对持有股票的企业进行全面考察。甚至,他们根本就没有认真思考过,究竟该如何去投资,才能最大程度地使自己获利。

股神巴菲特当然不是这样的。他认为,把投资当成企业经营是最佳的投资方式,因为一张普通股票代表着拥有该企业部分的经营权。所以,在选择投资哪一个企业和了解该企业值多少钱时,应将这些放入企业前景的标准中考察。

为此，巴菲特建议投资者，要停止思考股市本身的问题，而应多思考当自己拥有这些上市公司时所需面临的经济问题。一个优秀的投资者，应执着于企业远景的选股智慧，并从别人的愚蠢行为中获利。换句话说，其他人无知的恐惧与贪婪，正是你利用他们犯错的机会获利的好时机。

同时，巴菲特忠告投资者，并非只要全部信守规律就可以获利，而必须参考选择债券时所运用的"反向艺术"，去了解哪些该买与哪些不该买。他关于企业前景投资的事情，都与华尔街的说法差别很大：聪明的企业经营想法投资股票，将发现最蠢的事就是拥有一只股票后，期待它下周股价会上扬；等待市场走低而不是走高，才能让你买到想要的上市公司股票；超级市场购物中可以对你的投资理念有很大的启示；你会改变看法，从原先认定买了股票后就期待未来6个月会有25％获利的看法，改变成参与企业部分投资的心理，期待未来5~10年，每年维持15％或更好的复利报酬率；开始把股票当作债券，思考不同的利率状况，你将了解分散投资是某些人用来保护他们选错标的投资方式，并不是因为他们对投资有所领悟；你会发现很多投资者都非常乐观，但是没有一个在财务投资上获利丰硕。

巴菲特的投资理念是透过商业意义，以比较低的价位购买优秀的企业的股票。在巴菲特看来，所谓合乎商业意义即投资时担负最低的风险获得最高的年复利报酬率。巴菲特比华尔街其他经理人成功的概率高很多的原因，就是他像企业家一样追求长期利润，而他们则偏重短期获利。

伯克希尔公司的一个股东就曾经这样评价巴菲特："对于他来说，最典型的例子就是从价钱只有1美元的购买中获取2美元的收益。巴菲特教导我们：'在价值的计算过程中，增长一直是不可忽略的组成部分，它构成了一个变量，这个变量的重要性是很微妙的，它介于微不足道到不容忽视之间。'看一看可口可乐公司全球性的发展就知道了。伯克希尔公司在20世纪80年代就买下了可口可乐公司的股票，当时可口可乐公司的高赢利率收入所得仅仅是现在的一个零头。"

巴菲特不仅依照企业的内资价值来投资，而且他还对一个公司的资产负债表感兴趣，同时还对一些基本原理和一个公司的增长前景、竞争能力感兴趣。如果你要投资某个企业，就要看该企业的账目及获利状况，如果企业获利不错，就再衡量该店的获利是否持续稳定，或是大起大落。如果该店获利持续稳定，就去估计它的预期报酬率，然后再货比三家，以确认它是否是相对较好的投资。一旦确认就该马上行动。

如果巴菲特决定全部或部分入主企业投资时，他还会问自己这样的问题：这个企业预计能赚多少钱，而卖价又是多少？并且将这个答案作为他投资的基础。

巴菲特认为，投资公司有两种选择，一是经由配发股利方式发放现金，二是通过再投资方式发放股票股利，而后者将增加公司的隐藏价值。巴菲特说，从长期来看，这个隐藏性价值会导致股价上扬。这个观点与大部分华尔街的专家不同，他们不认同未到手的盈余。在20世纪80年代早期他拥有的股票中，如伯克希尔公司每股股价500

美元，不久之后每股股价就高达4.5万美元，而该公司仍未配发任何股利。股价的增加来自企业隐藏价值的提升。获利高的伯克希尔公司，其隐藏价值的提升来自巴菲特、保留盈余转入再投资该公司。

巴菲特的这些经验告诉投资者，即使是个人少量资金的投资，也应该有企业经营的思维。看准了就要坚持，因为任何一只股票投资都不会一帆风顺，关键是研究的投入，事先要把功课做扎实。

思维30.认准持续性获利行业

巴菲特投资哲学中重要的一条，就是认准持续性获利行业。那么，怎样选择这种行业呢？它包含了两方面的内容：一是选择具有持久竞争优势的公司，持久的竞争力是获利的保证。二是选择管理水平良好的公司，管理水平直接影响公司的竞争力和获利能力。

1979年，巴菲特购买了美国通用食品公司的股票，当时每股价格是37美元，一共购买了400万股。他之所以看中该公司的股票，就是因为这个公司有着高额利润，从该公司的经营历史来看，其利润每年又以8.7%的速度递增。巴菲特的判断是对的，该公司1978年每股利润是4.65美元，1979年，其股票每股利润出现巨额增长，高达12美元。到1984年，公司每股利润涨到6.96美元，这段时间内，通用食品公司的股票价格也一直上涨，1984年的股价达到54美元。巴菲特看中的这类高成长、高回报的公司也得到其他投资者的认同。1985年，菲利普·莫里斯公司看到通用食品公司的投资价值，以每股120美元的价格从巴菲特手中购买了其全部股票。巴菲特因此大赚一笔，其投资年平均收益率达到21%。

巴菲特对其他公司股票的投资也与此相类似，他十分注重公司的行业是否具有消费垄断优势，因为垄断就意味着一种潜在的竞争力。巴菲特根据长期投资得出结论，有两种公司最值得投资：一是具有持久竞争优势的品牌公司，这些公司以生产品牌产品为主，消费者因为认同其品牌，在通常情况下都会选择购买其产品，这样产品就会具有消费垄断优势，这类公司就会具有持久的竞争优势。即使在经济不景气的情况下，因为消费者群体对其产品的信赖，这类公司的获利也不会遭受很大影响，其获利也不会有很大的波动，从而能给投资者带来长久稳定的收益。二是最有效率的公司。在同一行业的所有企业中，如果某一公司的管理人员注重管理效益，节约管理成本，能以最低成本很好地运作公司，这类公司就值得投资。许多公司之所以能成为品牌公司，就是因为它能以最低最省的成本运作公司，即便在经济不景气的情况下，较低的运行成本也能保障一定数量的利润，这样也能保证投资者的利益。

投资者在投资过程中学习巴菲特，首先就要学习他如何选择投资对象。重点抓住那些具有消费垄断的品牌公司，这些公司大多具有持久获利的能力，能够为投资者带来丰厚的回报。在选择这些公司的时候，应重点考察管理人员的经营效率，那些能够以最低成本运作的公司与同行业其他公司相比常常具有较强的获利能力。选择这些公司，就能像巴菲特那样战胜市场，赢得丰厚的利润。

巴菲特进行投资的时候，很重视企业的管理水平，有时甚至超过了对公司可测算价值的重视。例如，美国的著名品牌公司——可口可乐公司，自公司创立以来，一直能够持续发展。但在20世纪70年代初，由于董事长保尔·澳斯汀的无能，导致该公司管理混乱，投资频频失误，员工人心涣散，税前收益逐年下降，公司的发展不容乐观。80年代初，澳斯汀被迫辞职，格伊祖塔担任公司董事长。格伊祖塔有着杰出的领导才能，他上任后大力提高可口可乐公司的管理水平，削减各项开支，取消各种与本行业无关的投资，制订新的发展计划。可口可乐公司在格伊祖塔的领导下，不久又焕发出勃勃生机，公司的股票价格也逐年走高。1988年，巴菲特出巨资投资该公司股票时，该公司的股票市价已比1980年增长4倍。因此，从当时看，巴菲特是在"追高买进"，是很不明智的做法，而当时华尔街的证券分析家们也否定巴菲特的这一举动。事后，巴菲特就此事接受美国《机构》杂志采访时认为，他这次花巨资购买可口可乐公司的股票，是因为他信任罗伯托·格伊祖塔的管理才能。可见，巴菲特十分重视可口可乐公司的管理水平和领导者才能，在他的公司内在价值分析方法中，对管理水平的考核已提高到相当重要的地位。

巴菲特在1988年至1989年购买的10.2亿美元可口可乐公司股票，到1996年市值已达71亿美元。短短7年时间，便为巴菲特赚进60亿美元的财富。而可口可乐公司在格伊祖塔的领导下，股票的市场价值已从1980年的41亿美元增长至1996年的1150.7亿美元，仅次于通用汽车的1373.4亿美元。这同样也证明了公司的管理水平和领导者的才能在公司的投资价值中占据着重要的地位。

在巴菲特的其他投资活动中，有时他的行为会表现得"出人意料"。例如，按巴菲特以往测算公司内在价值数量部分的方法，当时大都会–美国广播公司股票的市场价格，已超出了该公司内在价值的30%，也就是说，巴菲特以高过该公司合理价位的30%购买了这家公司的股票。但是，巴菲特购买大都会–美国广播公司股票的目的，与以往的投资目的不同。因为这一次，巴菲特是十分欣赏该公司的董事长穆菲的管理才能和其良好的人格，才以较高的价格购买大都会—美国广播公司股票的。

巴菲特认为，大都会广播公司兼并美国广播公司后，新的大都会——美国广播公司在穆菲的领导下，股东年收益绝不是一般兼并后两者年收益 1+1=2 的效益，而将是 1+1>2 的效益。巴菲特对穆菲非常信任，甚至在他开始投资大都会公司时，就把自己在该公司之后 11 年的股票投票权都委托给了穆菲。

合并后的大都会–美国广播公司的效益，印证了巴菲特事前预计的 1+1>2，取得了令人意想不到的良好收益。而大都会–美国广播公司的股价也节节攀升，巴菲特 1985 年购进的 5.1 亿美元该公司的股票，至 1989 年市值已达 16.9 亿美元。

巴菲特在择股时，除了要明确该公司的内在价值是否被市场低估、公司是否具有良好的管理水平这两个要素外，还要确认该公司是否具有可持续发展的能力。这也是巴菲特持有股票的公司所必不可少的一个要素。

思维 31. 估算股本收益率

股票持有者最关心的，莫过于自己的投资收益。那么，在投资中，投资者的期望投资收益应该是多少？

在证券投资领域，有一个著名指数——标准普尔 500 指数，它是记录美国 500 家上市公司的一个股票指数，是由标准普尔公司 1957 年开始编制的。最初的成份股由 425 种工业股票、15 种铁路股票和 60 种公用事业股票组成。从 1976 年 7 月 1 日开始，其成份股改由 400 种工业股票、20 种运输业股票、40 种公用事业股票和 40 种金融业股票组成。它以 1941 年至 1942 年为基期，基期指数定为 10，采用加权平均法进行计算，以股票上市量为权数，按基期进行加权计算。与道·琼斯工业平均股票指数相比，标准普尔 500 指数具有采样面广、代表性强、精确度高、连续性好等特点，被普遍认为是一种理想的股票指数期货合约的标的。

根据标准普尔 500 指数代表的公司的股票收益，在 20 世纪的大部分时间里，平均水平达到 10%～15%之间，然而到 90 年代却发生了急剧增长。到 20 世纪 90 年代末，公司的股东收益超过了 20%。考虑到这是 500 家公司的平均水平，20%的水平确实是一个惊人的速度。许多技术公司在 90 年代的股本收益都超过了 30%。许多生产消费品的公司如可口可乐、菲利普·莫里斯，以及某些制药公司，如华纳-兰伯特（Warner Lambert）、艾博特实验室还有默克公司，它们的股本收益都超过了 30%。由于公司为股东持有的股票（或者账面价值）创造了如此高的收益，投资者们愿意为其股票支付一个相对于账面价值来说很高的溢价。在20世纪的大部分时间里,股票价格一般为股本价值的1~2倍,而这些公司的平均股票价格到90年代后期却超过了股本价值的6倍。

但是,1999年,巴菲特开始质疑公司能否以超过20%的速度持续地提高股本收益。他认为如果它们不能做到,股价就不应该达到6倍于股本价值的水平。历史证实了巴菲特的判断。在20世纪90年代,美国公司不再慷慨地分派红利,而越来越多地保留了当年的赢利。此外,美国经济似乎只能维持一个3%~4%的年增长率,在这些条件下,公司无限期地保持一个20%的股本收益增长速度几乎是不可能的。必须达到一个超过20%的年赢利增长速度,才能使股本收益以20%的速度增长——然而这是不可能的,除非经济增长速度每年远远超过10%。

投资收益在对公司进行分析时发挥着一个重要作用,它把股票价格和股票价值水平置于一个恰当的关系之中。许多投资者都把注意力集中在公司过去的及预测的赢利增长上。即使顶尖的分析师们也非常关注盈亏底线的增长,把它们作为衡量成功的标准。然而,一个公司使投资者的资本获得高收益的能力,对于公司长期增长同样是至关重要的。

在某些方面,投资收益或许是衡量公司表现的一个更加重要的尺度,因为公司可以借助众多的手段来改变它们的会计利润。

股票投资者的收益包括股息支付加上投资者在股票持有期内所经历的股票价格的上升部分(减去下降部分)。市场只关注股票持有者的年收益，通常用收入或者损失的百分比来表示，并且通常以日历纪年为基准期来计算收益。股票持有者的收益指的是年收益，等于股息与股票价格净变化的和除以股票的初始价格：

例如，如果一只股票的年初价格是100美元，随后的一年中发放了1美元的股息，年终股票价格是109美元，其持有者的收益率就等于（1+9）/100=10%。这个计算并不复杂。

股票市场可能因为宏观经济问题而出现下降，诸如较高的利率、较低的赢利预测、通货膨胀或紧缩恐慌、地缘政治情况变化——比如中东国家关系恶化、俄罗斯货币危机等。这种市场下跌力量可能会推动你的股票一起下跌，公司管理层对股票价格的反向运动也无能为力。所以即便公司的运营和赢利前景都非常良好，股票持有者的收益率也可能是负数。

相反，在公司的运营非常普通或者糟糕的时候，股票持有者收益率却有可能非常好。股票市场可能因为某种积极的经济事件而上扬，比如一次大罢工事件的妥善解决或者减少了通货膨胀恐慌。糟糕的公司运营状况可能会使公司进入被收购的候选名单，股票价格的上升可能是对这个公司股票收购要约的结果。例如，1997年，所罗门兄弟公司在交易中遭受很多损失，这导致旅游者集团旗下的史密斯巴尼公司以远高于当时市价的溢价水平收购了所罗门兄弟公司。

当一家公司取得了高水平的股本收益率时，表明它在运用股东们提供的资产时富有效率。因此，公司就会以很快的速度提高股本价值，由此也使股价获得了一个同样快速的增长。

巴菲特确信，公司能够创造并维持高水平的股本收益率是可遇而不可求的，因为这样的事情实在是太少了。当公司的规模扩大时，维持高水平的股本收益率是极其困难的事情。事实上，许多最大的、最有希望的美国公司——其中包括通用电气、微软、沃尔玛以及思科系统——由于规模扩大，几年来股本收益率一直在下降。这些公司发现当股本价值仅为 10 亿美元时，赚取足够的利润使股本收益率达到 30% 是很容易的事情。现在，比如说，当股本达到 100 亿或者 200 亿美元时，公司要维持一个 30% 的股本收益率是极其困难的。

一般来说，如果一家公司要维持一个稳定的股本收益率，它就必须使赢利增长率超过股本收益率。就是说，要维持 25% 的股本收益率，就必须使赢利增长率超过 25%。这对于不分派红利的公司也是一样（分派红利降低了股本价值，使提高股本收益率反而变得更容易）。如果管理层希望把股本收益率保持在 25% 的水平，就必须找到某种方法为所获得的每一美元的净收入创造出超过一美元的股本价值。

在公司的股本收益率走势和未来赢利走势之间存在着某种相关关系。如果年度股本收益率上升，赢利率也应该同样上升。如果股本收益率的走势稳定，那么赢利率走势就很可能会同样稳定，并且具有更高的可预见性。将注意力集中于股本收益率，投资者可以更有信心地预测未来赢利。

作为投资者，如果你能估计公司未来的股本收益率，那么你就可以估计股本价值在年度间的增长。并且，如果你能估计股本价值的增长，你就能合理地预测取得每一年年终股本价值所需的赢利水平。

思维 32. 价值投资的关键三要素

巴菲特曾说过:"评估一家企业的价值,部分是艺术,部分是科学。"

投资者在投资过程中需要注意的是,无论股价怎么波动。你只需要关心投资目标的内在价值,即使是股价处于高位的时候。只要在股价大大低于内在价值的情况下仍然可以进行投资;相反,如果股价处于低位。但是股价已经高于其内在价值了仍然是不值得投资的。

当然与普通投资者的投资行为不同的是,由于伯克希尔公司总是去取得被收购公司的控股权,而相比之下,普通投资者并不具备如巴菲特他们的话语权,这最终会影响到投资收益回报的高低。

巴菲特认为投资者在学习公司估价与正确看待市场波动的同时,必须培养合适的性格,然后用心思考那些你真正下功夫就充分了解的企业。如果具有合适的性格的话,股票投资就会做得很好。成功的投资生涯不需要天才般的智商、非比寻常的经济眼光或是内幕消息,所需要的只是在做出投资决策时的正确思维模式,以及有能力避免情绪破坏理性的思考。投资业绩将取决于投资者倾注在投资中的努力与知识,以及在投资生涯中股票市场所展现的愚蠢程度。市场的表现越是愚蠢,善于捕捉机会的投资者胜率就越大。

综合巴菲特关于价值投资的论述,我们将其总结归纳为价值投资成功的金三角:

1. 培养理性自制性格。
2. 正确看待市场波动。

3. 合理评估公司价值。

以下我们分三方面来论述价值投资成功的三个要点。

1. 如何分析自己

巴菲特强调投资成功的前提是理性的思维与自制的性格。

投资必须是理性的，如果你不能理解它，就不要做。巴菲特的合作伙伴查理·芒格在斯坦福法学院的演讲中说："在投资中情商远比智商更为重要。做投资你并不必是一个天才，但你的确必须具备适合的性格。"

股票投资者只强调对公司财务数据的数学分析，并不能保证成功，否则会计师和数学家就是世界上最富有的人了。但过于迷信属于投资艺术的灵感，也很危险，否则艺术大师、诗人、气功大师全部都是投资大师。

投资者在对公司历史进行分析时，需要保持理性；对公司未来进行预测时需要敏感和直觉。但由于历史分析和未来预测都是由投资人做出的，而投资人在分析预测的过程中面对的往往是繁杂却并不完整的历史信息，以及数量很少、准确性很差的未来预测信息，每一次投资决策在某种程度上都是一种结果不确定的博弈。所以，投资人必须像职业棋手那样具有良好的性格，从而提高决策的稳定性。否则像赌徒那样狂赌，一次重大失误就足以致命。

2. 如何分析市场

股票市场的影响力实在太巨大了，投资者要保持理性的决策是一件非常困难的事情。

正如巴菲特所说:"一个投资者必须既具备良好的公司分析能力,同时又具备必须把他的思想和行为同在市场中肆虐的极易传染的情绪隔绝开来,才有可能取得成功。在我自己与市场情绪保持隔绝的努力中,我发现将格雷厄姆的市场先生的故事牢记在心非常非常有用。"

在市场波动的巨大心理影响中保持理性的前提是对市场波动有正确的态度和看法。

投资大师们用其一生的投资经验为我们提出正确看待市场波动的成功经验。

格雷厄姆和巴菲特的忠告:"市场先生"是仆人而非向导。

巴菲特与林奇的警告:股市永远无法准确预测。

巴菲特与林奇投资成功的基本原则:要逆向投资而不是跟随市场。

投资大师对有效市场理论的共同批判:有效市场理论荒唐透顶。

3. 如何评估公司价值

投资者首先要对公司价值进行评估,确定自己准备买入的企业股票的价值是多少,然后跟股票市场价格进行比较。投资者发现符合其选股标准的目标企业后,不管股价高低随意买入其股票并不能保证获得利润。公司股票市场价格如大大低于其对应的内在价值(更准确的应该是"真实价值'或"合理价值"),将会为价值投资人提供很大的安全边际和较大的利润空间。

关于价值投资,作为一般投资者并不一定要学习那些空洞的理论，只需学习公司估价与正确看待市场波动。典型的普通股投资者是企业家，对他而言，用估价自己的私人企业同样的方法来估价任何其他上市公司似乎是理所当然的做法。价值投资人买入上市公司的股票，实质上相当于拥有一家私有企业的部分股权。在买入股票之前，首先要对这家上市公司的私有企业市场价值进行评估。

要想成功地进行投资，不需要懂得有多大市场以及现代投资组合理论等，只需要知道如何评估企业的价值以及如何思考市场价格就够了。

思维 33. 成为自己的投资顾问

股市投资中，很多人都喜欢追捧一些专家，跟着专家的引导和建议来进行买卖。这种做法历来褒贬不一，好的是也许能学到一些知识，得到一些启发，甚至能获得收益；不好的是，长期依赖专家，会让自己越来越懒于去思考，久而久之甚至失去了思考能力。

巴菲特在1990年致股东函中，就曾这样说道："这并不意味着不受欢迎或注意的股票或企业就是好的投资标的，我们真正强调的是独立思考而不是投票表决，然而不幸的是，伯特兰·罗素对于人性的观察同样也适用于财务投资之上：'大多数的人宁死也不愿意去思考。'"

巴菲特如此强调独立思考的重要性，但也有人认为，在危机四伏的市场环境中，小投资者根本没有成功的机会，所以要么退出市场，要么求助于专业投资者。然而，在投资中，专业投资人并不像人们想象的那样聪明，业余投资者也并不像人们想象的那样愚笨，只有当业余投资者一味盲目听信于专业投资人时，他们在投资上才会变得十分愚蠢。事实上，业余投资者本身有很多内在的优势，如果充分加以利用，那么他们的投资业绩会比投资专家更出色，也会超过市场的平均业绩水平。

在新英格兰地区流传着一个消防员投资股票的著名故事。大概是在20世纪50年代，当时这位消防队员注意到当地一家叫作Tambrands的生产女性卫生用品的工厂（后来这家公司更名为Tampax），其业务正在以极快的速度扩张。这种情况让他想到，一定是这家工厂业务非常兴旺，否则怎么也不可能如此快速地扩张。基于这样一种推理，他和家人一起投资了2000美元购买了一些Tambrands的股票，在随后的5年里他们每年又再拿出2000美元继续购买该公司的股票，到了1972年，这个消防员已经变成了一位百万富翁。

我们无从得知，这位幸运的消防员是否曾向经纪人或者其他投资专家寻求过投资建议。不过可以肯定的是，有很多投资专家会对他说，他投资于Tambrands公司的这种逻辑推理存在缺陷。如果他明智的话就应该选择那些机构投资者正在购买的蓝筹股，或者是购买当时非常流行的电子类热门股票，令人庆幸的是这位消防员坚持了自己的想法。

很多投资人认为，自己没有专业素养，想要依靠自己在投资领域赚钱难上加难，但事实是生活中有许多人不懂股票、房地产是什么，却能够投资致富。成功地利用理财致富者，大多不是专业投资人，而专业投资人未必能够以投资致富。

投资根本就不复杂，它之所以会被认为那么深奥复杂，非得依赖专家才行，是因为投资人不知如何应付不确定的投资世界，总是将简单问题复杂化，无法自己冷静地做决策，而是想办法听取他人的意见。

由于不懂如何面对未知且不确定的投资环境，误以为必须具有未卜先知的能力，或是要有高深的分析判断能力才能做好投资，许多人便习惯性地把投资决策托付给专家。

然而，如同彼得·林奇所说："5万个专业投资者也许都是错的。"如果专业投资者真的知道股价何时会开始上涨，或是哪一只股票一定可以买的话，他早就已经有钱到不必靠当分析师或专家来谋生了。

因此，让专家的意见主宰你的投资决策是非常危险的，投资到头来还是要靠自己。

事实上，业余投资者本身有很多内在的优势，如果充分加以利用，那么他们的投资业绩丝毫不比投资专家逊色，诚如彼得·林奇所说："动用你3%的智力，你会比专家更出色。"

依据他的观点，当你根据自己的选择来选股时，你本来就应该比专家做得更出色，不然的话，把你的资金买入基金交给那些专业投资者就行了，何必费那么大劲儿自己选股却只能得到更差的回报，这样不是自找麻烦吗？

一旦你决定了依靠自己进行投资时，你应该努力独立思考。这意味着你只依赖于自己的研究分析进行投资决策，而不要理会什么热门消息，不要听证券公司的股票推荐，也不要看你最喜爱的投资通讯上那些"千万不要错过的大黑马"之类的最新投资建议。这也意味着即使你听说沃伦·巴菲特或者其他权威人士正在购买什么股票也根本不要理会。

（1）专家有可能是错的。即使他的选择是正确的，你也不可能知道什么时候他对一只股票的看法会突然改变而将其卖出。

（2）你本身已经拥有了更好的信息来源，并且这些信息就在你的身边。你之所以能够比投资权威人士获得更好的信息，是因为你能够时时追踪记录你身边的信息。

如果你平时在自己工作的场所或者附近的购物中心时能够保持一半的警觉，就可以从中发现表现出众的优秀公司，而且你的发现要远远早于那些投资专家。任何一位随身携带信用卡的消费者，实际上在平时频繁的消费活动中已经对数十家公司进行了大量的基本面分析，日常生活的环境正是你寻找"10倍股"的最佳地方。

总之，投资到头来还是要靠自己，故投资人应想办法充实投资知识，让自己也成为专家。事实上，投资并不需要太多专业知识。只要能够身体力行，不需要靠专家也可以获利，拥有正确的投资观念，你可能比专家赚得更多。

第六章
心态投资——手中有股，心中无股

为人处世要有良好的心态，投资理财同样要有良好的心态。美国华尔街有句古老的格言："市场由两种力量推动：贪婪与恐惧。"很多人都很艳羡巴菲特在投资领域所取得的巨大成就，并将这归功于他的天赋。其实，与其说巴菲特智商高人一等，倒不如说是他更懂得调控、把握自己的投资心态。

思维34. 理性面对亏损

巴菲特在1994年的致股东函中指出：任何人如果想要了解1964年伯克希尔资产负债表健全性，那么得到的答案跟臭名昭著的好莱坞大亨可能给你的答案是一样的："放心好了，所有的负债都是如假包换。"

在生活中，人与人之间生理上的差异是很小的，然而股票投资活动的结果却天差地别。面对同样布满风险的股市，有的人好像与风险绝缘，总是赚得盆满钵满，有的人却好像被风险缠身，钱是越炒越少。有的人因炒股成为百万富翁，有的人却因炒股倾家荡产。

巴菲特在2007年致股东函中又提到：在2008年美国总统的大选活动中，我听到了最有趣的故事是罗姆尼问妻子安妮："在我们都还年轻的时候，在你最狂野的梦里，是不是也没有想到我会竞选美国总统？"没想到，安妮的回答是："亲爱的，我最狂野的梦里没有你。"

在1967年我们第一次涉足财险和意外险业务的时候，我们最狂野的梦里也没有我们现在的成就。

巴菲特的这段话，虽然很诙谐但是却体现出了大师的成功心态。敢于自嘲，善于自嘲，往往是理性乐观的心理表现，对待股市的良好态度也是成功投资者的必备武器。股市涨跌无常，人的心理因素在股市操作中起着很大的作用。

从1967年开始，巴菲特就已经把超过15%的年收益率视为"了不起"，把超过20%的年收益率看作"不可能持续"，当超过40%时被列为"哈雷彗星撞击地球"。显然，巴菲特的梦不够狂野，他是一位务实的投资者。

在进行股票投资中，投资者都需要面对亏损，任何投资者的交易一旦发生亏损，不仅其账户资金受到损失，而且其信心也会受到打击。若不能正确理解亏损，则会产生自责心理，连续发生亏损甚至会导致自卑心理，进而使自己进入不能犯错的状态，即不容许自己犯错，面对投资交易时变得高度紧张，而一旦犯错就会产生不愿认错的情绪，并最终酿成大错。投资者一旦进入这种状态，那么获利与他就无缘了。产生这种错误态度和处理方法的根本原因就在于投资者没能正确理解交易亏损现象。那么，投资者应如何处理正确理解亏损，并采取正确的应对方法呢？

1. 制定适合自己的标准

你首先制定的是适合自己的对错标准，而不是适应市场的对错标准，因为在任何时候市场都不可能给你一个明确而肯定的对错标准。如你做一把卖单，从图形来看，你既可以认为上涨30点后就可能要涨，但换个角度，你可能又会认为突破盘区才可能上涨，而突破盘区就要承担50点的亏损，但再看远一点，你也可以认为创新高才能确认上涨，而此时你需要承担80点的亏损。那么，从市场角度来说，到底该用哪个标准来判断你的对错？市场不会主动给你一个判断标准，对于错的判断标准只能以适应自己的承受能力来确定。

2. 允许犯错

在交易中如果你严苛地不允许自己犯错，则你的交易要么高度紧张，心态难以平衡，要么一旦做错就不认错而铸成大错，这都是交易大忌。出现亏损在交易中是非常正常的事，你应当把适当的亏损看成是获利所必须付出的代价和成本，机会都是寻找出来的，不是一眼就能看出来的，不付出代价就想成功那是幻想！

只有允许自己犯错，你才能有更多的交易机会，才会消除对市场的恐惧，才能真正抓住获利机会，才能真正留住能长期获利的头寸。交易犯错并不可怕，无法坚持理性投资才是最可怕的。

3. 遵守纪律，执行标准

遵守纪律，严格执行自己制定的对错标准是改正错误和交易获利的前提条件。进场之后，你唯一需要做的就是用你的评判标准去判断该出还是持有，一旦触及止损点唯一可做的就是出场，否则就应该一直持有，直到评判标准给你发出离场信号。所有的投资都要面对亏损的风险，投资者面对亏损，要有正确的态度，如果面对亏损不能够有正常的态度，这将很难在长线投资中取得较好的投资成绩。

许多投资者都有这样的体验，事前对行情有准确的分析，制定了科学的投资策略，甚至设置了止损点，但由于没有良好的心态，实际投资时总是无法按计划进行。

心理学家发现，股市盈亏的秘密是人的心态。积极心态是规避风险获得财富的"护身符"，而消极心态则是获得财富的"丧门星"。要成为股市中的赢家，固然需要很多方面的素养，比如，技术分析能力、基本分析能力。但是，心态却是最根本的，没有良好的心态，分析能力再强，也不会成为股市的赢家，相反，即使分析能力一般，只要有积极的心态,也不会在股市中吃大亏。

思维35. 把投资当成一种生活方式

巴菲特曾说过:我和我的搭档查理,一个84岁,另外一个77岁了。我们都非常的幸运,因为我们实现了我们的梦想……我们每天踩着舞步工作,并且激情四溢。但是对于我们来说,没有什么会比与股东们一起参加伯克希尔的年会更有意思了,所以,在参加5月3日奎斯特中心的投资者年会——那是咱们伍德斯托克音乐节。到时候见!

从上面的文字中我们能够看出巴菲特对自己生活状态的满足,以及对自己工作的热爱。巴菲特的一名员工曾说:"巴菲特一天24小时都在考虑伯克希尔公司的事情。"确实,对巴菲特来说,投资就是一种生活方式。

一天晚上,巴菲特和他的妻子苏珊受邀去朋友家中吃了顿饭。晚餐过后,他们的朋友架起幻灯机向他们展示金字塔的照片。这时候巴菲特说:"我有个更好的主意。你们给苏珊放照片,我去你们的卧室读一份年报怎么样。"

读年报不光是巴菲特的爱好,还是他最喜欢的休闲活动。"他有一种能让他赚钱的爱好,"伯克希尔公司的纺织品推销员拉尔夫·里格比说,"读年报对他来说是一种放松。"放松本身就是巴菲特的投资风格,他唯一可能感受到压力的时候就是市价低得离谱而他的好投资主意比钱多的时候。

交易商的典型生活方式与此截然相反。极端的交易商可能在家中摆满报价机——甚至卧室和浴室中都有一个,这样他就可以在白天或黑夜的任何时候查询价格,不管他正在干什么。迈克尔·马库斯这样描述他做大量货币交易的那段时光:"那让人筋疲力尽,因为那是个24小时市场。在上床睡觉之后,我不得不每两小时醒来一次去查询价格。每一个主要交易中心开盘后,我都得去收听行情——澳大利亚、中国香港、苏黎世和伦敦,这毁了我的婚姻。"

如果你想做货币交易,不眠之夜和被毁掉的周末就是不可避免的。你必须时刻保持警惕,就像在1985年9月的一个星期天听说《广场协议》将让美元贬值的巴菲特一样。听到风声后,他当晚在纽约打电话给已经是星期一早晨的东京,抛售了尽可能多的美元。

巴菲特如此成功的原因之一就是他把投资当作一种生活,24小时不离投资,投资就是他的一切,不仅仅是他的职业。他每时每刻都在考虑投资——甚至做梦也会想到投资。

1987年投资大师彼得·林奇在爱尔兰度假时,他想的是道·琼斯指数而不是布拉民古堡,甚至在亲吻石墙的时候也是如此。

事实上,没有一个人能靠在空闲时间练习网球或歌唱而成为温布尔登大赛的冠军或与帕瓦罗蒂齐名的歌唱家。一般投资者也能获得可观的利润,即使投资并不是他的全职工作,但他必须像投资大师那样为他的投资目标而竭尽全力。

用美国总统伍德罗·威尔逊的话说:"世界上没有什么东西能取代持之以恒的精神。才华不能,有才华但不成功的人随处可见;天赋不能,天赋无回报几乎是一句谚语;教育不能,这个世界挤满了受过教育的被遗弃者。只有毅力和决心是万能的。"

股市涨跌无常，人的心理因素在股市操作中起着很大的作用。心态平和，才能化险为"赢"。特别是投资者不要有大的心理负担，不然会对成功投资产生不利的影响。

一位哲人指出："要么是你去驾驭生命，要么是生命驾驭你。你的心态决定了谁是坐骑，谁是骑师。"

一般来说，投身股市所需的良好心态主要包括以下几个方面。

1. 信心

作为一名股民，首先要具有足够的信心，不要被周围环境、股市变化所左右。要有自己的分析和判断，不可人云亦云，随波逐流。要确信自己是最值得信赖的人。股市的天机是："波动是永恒的真理，把握投资最终靠自己。"

（1）炒股票要自己研究、判断行情，不可因为未证实的流言而改变决心。

（2）可买时买，应卖时卖，须止时止；安全第一，稳定第一；莽撞则失，贪心则贫。

（3）天天去股票市场的人，不会比市场外的投资者赚得多。

（4）不想做委托买卖股票时，应远离市场，每天探听行情，容易被其他因素动摇。

2. 耐心

事实上，股市原本就是考验人有无耐心的心理战场，所以，任何人投身股市，最重要的是要有耐心，否则最好及早退出股市，不然，失手的概率奇高。主力大户所以制胜，就是摸准了一般小户缺乏耐心，只要用"惯压"与"洗盘"伎俩，就可以使小户自动将手中生金蛋的鸡贱价出售。

通常新股民一入市，总是迫不及待地想买进股票，既不考虑是否股市已处于高风险时期，也不问股价是否偏高。等到股票到手，则一心想股价天天见涨才痛快，若股价偏偏原地踏步，甚至未涨反跌，必然方寸大乱、寝食难安。这样一来，多会失去耐心，急着卖出，转而追抢那些天天见涨的股票。可是等到手上不争气的牛皮股刚刚脱手，换上行情板上活蹦乱跳、涨势吓人的热门股，偏偏原来的牛皮股开始威风八面，股价节节上升，而刚到手的热门股有如中邪，直往下跌，届时，悔之晚矣。殊不知天底下没有只涨不跌的股票，也没有只跌不涨的股票，涨过了头，必然回档进行强制性调整，好重新开涨；跌多了，也必然会反转回升，这是股市的一个规律。

另外，当大户炒作某种股票，为了顺利吃货，吓走一些想轻松搭轿的散户，最常用的一招就是集中力量，在股价涨跌的节骨眼上倒出部分持股将股价压低，让信心不足的散户将持股流血杀出，自己再以低价承接，然后重新拉抬。就这样来回操作，低进高出，赚得不亦乐乎。明白这一道理，当你下次再碰到手上股票下跌，除非整个大势真正转坏，否则，万不可因为一点风吹草动，或是在股场内听到某些"小道消息"，就吓得马上将手中持股低价抛出，只要有耐心，总有机会解套。

3. 细心

从事股票交易，不可过分急躁，过分慌张，以免经常高进低出。也不能迟疑畏缩，犹豫不决，当断不断，痛失良机。应沉着冷静，细心分析股市，待投资良机一到，果断地采取行动。其要点为：

（1）股价长期平稳之后，突然出现较大幅度的上涨，此时可以放心买进；若是出现较大幅度的下跌，就应立即卖出手中持股。

（2）股价狂涨后的第一次大幅度回跌，可大胆下手买进；股价大跌后的第一次反弹是卖出的最后时机。

（3）上升趋势中出现暂时的回落要买进，下跌趋势中出现暂时的回升要卖出。

（4）卖出时动作要快，买进时不妨多斟酌。

（5）股市暴跌之后成交量随股价的继续低落而增加，是买进时机；冷门股暴涨为行情暴跌的前兆，是卖出时机。

股市本身就是一个充满风险的市场，在踏进这块风险之地之前，我们除了掌握经济金融知识和相应的操作技巧之外，还需做心理上的准备，锤炼自己的信心、耐心、细心等良好心态。只有这样，才可保证我们人在股市走，风险不沾身。如果没有良好的投资心态，最好不要轻易涉足股市。

总的说来，要想投资成功，最好的办法就是把它融入自己的生活，让投资成为你的生活方式。

思维 36. 心态决定投资

美国著名的成功学家罗曼·V.皮尔的名著《态度决定一切》,把态度或者说心态提到一个极高的高度,被认为是一切人生财富的心理根源,投资的心态最终决定了投资的成败。巴菲特曾说过:"很多人比我智商更高,很多人也比我工作时间更长、更努力,但我做事更加理性。"

如果把投资市场比作海洋,那么我们最先要准备的就是先给自己套上一个救生圈(资金管理),再配上一块防水的手表(时机把握),最好再带上一个氧气瓶(仓位控制)。这样我们眼中的海洋就永远会是蓝色的。

什么最终决定投资成败?不同的人可能会有许多不同的答案:运气、技术、信息等,这些答案的给出可能有一定的道理,但决定投资成败的绝不仅仅是这些,最终的决定因素我认为应该是正确的投资心态。

投资理财是人们追求美好生活的一种途径,贯穿于人生的各个阶段,可以说是一场马拉松比赛,拼的是耐力而不仅仅是爆发力。就中国来说,从 2005 年下半年开始,股票、基金已经成为百姓理财的重要手段,2007 年股票、基金带来了前所未有的的财富效应,在更多的人对财富充满了憧憬与期待时,2008 年的股市暴跌让不少投资者经历了冰火两重天的焦灼与痛苦,这说明以怎样的心态去面对投资理财,是一堂不容忽视的心理必修课。

对此,巴菲特认为在投资实践中,许多投资者对市场寄予了过高的期望，因而对市场的变化常常反应过度。事实上，人们对股市的下挫并非没有思想准备，问题在于到底有多少人眼看着自己账面上的资金减少而能够镇定自若。

巴菲特认为，成功投资者必备的一种素质就是从资金到心理上都能为市场不可避免出现的上下波动做好准备。你要从理智上接受市场可能出现的任何变化，并保持镇定与独立的判断能力，这样就能避免面对预料之外的情形而无所适从。

事实上，如果你坚持认为自己当初的决定是正确的，就不必理会市场的任何变化，并会对市场的下挫保持应有的从容态度，就像格雷厄姆所指出的那样："一个真正的投资家极少被迫出售其股票，而且他们拥有在任何时候都能对当时的市场情况置之不理的自由。"可是，只有极少数的投资者能够做到这一点。真实的情况下，人们常常一听到风吹草动便迫不及待地做出决定，所以有人说，在投资市场上，99%的人都患有"多动症"。

如果你现在拥有一笔闲置资金，并准备用来购买股票。同时，你心里也明白，股市的过热情况已经持续了一段时间，许多股票的价格较此前有了很大的增长。你心里非常清楚此时购买并不是最佳时机，你看准的股票将来肯定会面临调整，那时候买入将会安全得多。你可能等了两三天，最多一周，那只股票价格依然没有下调，于是你等不及了，想道："买吧，也许它还会涨几周，可别错过了这个机会，大不了过几天卖了,等跌了再买。"这种想法的确很美好，但也太天真了，甚至可以说是太无知了。这样做的结果会使你在股票上涨时买入，在下跌时卖出，就和无数与你有同样梦想的投资者一样，总是抱着聪明的想法在做傻事。

作为一个理智的投资者，你应当对市场的任何变化都能做到处变不惊。如果投资者面对市场毫无理由的下挫时（我们得承认这种情况时常会出现），总是感到惊慌失措，无所适从，甚至弃股而逃。投资者的这种脆弱的心理常常让自己原本拥有的优势变成劣势，你对自己曾经非常有信心的决定也开始不那么自信了，你时刻关注别人的行动与看法，生怕错过什么。这种提心吊胆的心情对投资者来说是非常有害的，我们不仅不能从投资中感到支配金钱的快乐，甚至连我们对生活与幸福的感受度也会因此遭受损害。相对于那些对市场信息高度敏感的人来说，那些一旦选择了投资的股票便放心地准备长期持有的人则要省心得多，他们并不关注股价每天的变化，这样他们也就免于遭受由于别人的判断失误所带来的痛苦。

人们的从众心理在投资领域常常表现得非常突出，所以才会不时出现投资者争相购买或争相抛售某只股票的情形，可这样做的结果会是什么呢？你会永远跟在别人的后面，而你希望的收益也将一次次化为泡影。这可能就是所有投资者最容易犯，也最难以改正的一个缺点。

首先，从决定风险投资那一刻起，就要摆正投资的基本心态。投资是选择一种理财生活方式，而绝不是许多投资者误以为可以一夜暴富的发财捷径，换句话说，投资不是赌博更不是买彩票，投资是在承受足够风险的前提下才有可能获得超值回报。

其次，在实际的投资活动中，投资者也应具备良好的投资心态，切忌追涨杀跌。投资要始终坚持往前看,也就是所谓"看大势挣大钱",如果你过于在乎短期的涨跌而频繁操作,那么可能错失良机。有些机会需要耐心等待,正如传奇棒球击球手特德威·廉斯所说:"要做一个好的击球手,你必须有好球可打。"如果没有好的投资对象,宁可持有现金,放在银行里也不要去冒险。

没有只涨不跌的市场,也没有只跌不涨的市场,投资既要能在市场的上涨过程中享受成功赢利的欢愉,更要能坦然面对市场下跌而带来的煎熬。投资暂时失利没必要气馁乃至沮丧不已,投资赢利也无须欣喜若狂甚至忘乎所以。

再次,设立约束自己的投资纪律。虽然我们在投资过程中肯定有过大幅亏损的情况,但一个有投资纪律的投资者应在投资前设立好自己的止盈止损点,特别是要控制好自己能够承受的亏损幅度。俗话说:"留得青山在,不怕没柴烧";君子不立于危墙之下,在市场趋势不明朗的情况下,总结教训、积累经验,进行适当的休息是十分必要的。

最后,投资要量力而行。前段时间遇到一个久未谋面的朋友,看到他精神萎靡,便询问他。原来他深受盲目炒股之害,看到别人炒股都发了财,便倾其所有,按照"什么便宜买什么"的原则买了一只低价ST股票。结果不足半年,股价已经跌去了60%。其实,这位朋友的教训也给我警示。首先要有避险意识,冲动是家庭理财最大的魔鬼,不要认为别人都赚钱,自己也一定能赚钱,投资之前一定要慎重。有投资大师说,买入股票能和卖出股票一样仔细斟酌的话,赔钱的概率会下降很多。其次,已经发生重大投资失误之后,也就是事实上已经形成了"堰塞湖",最好的办法就是和救灾人员处理"堰塞湖"一样尽快导流,在专业理财人员的指点下,把手里的不良投资品种进行分流或转换。

最后,投资其实也是一种信念的博弈。大家都听理财专家说过要坚持长期投资,但实际上大多数人还是缺乏执行信念,往往是一看到大盘滑落,资产净值缩水,就完全顾不上什么长期投资的理念了,恨不得马上变现止损出局。

事实上,市场的上下波动是很正常的,问题在于我们一定要有良好的心态去应对它,把长期投资当成自己的一种信仰。只要你真正具备了这种长期心态,就可以在股市的上下波动和剧烈震荡中心平气和,远离烦忧,自在如常,真正做到"手中有股,心中无股"。

因此,巴菲特告诫投资者,不要因为别人的错误判断落荒而逃,无论何时都不要失掉自己清醒判断的能力,同时还要保证自己不受他人情绪的影响。无论市场风云如何变幻,你只需要抓住最根本的,即保持对企业清醒客观的认识就行了,至于其他来自市场及他人的行为与情绪,你可以统统忽略。

就像巴菲特所说的那样:"你不可能靠着市场的风向标致富。你要记住,不要试图弄清市场在做什么,这是不可能的,你只需弄清你要理解的行业,并全神贯注就够了。"只要我们坚持看好中国乃至世界经济的长期发展,让时间成为财富的放大器,在细水长流中迎来自己财富的慢慢积累与持续增长。

思维 37. 贪婪是投资大忌

从创造力的角度，贪婪与恐惧能为社会创造财富恐惧。孙子兵法里所提到的不战而屈人之兵，应该算是对手的恐惧。或者说诸葛亮的空城计大概也算是。恐惧会使一方丢掉财富，另外一方得到本不属于自己的财富。这算是恐惧。惊弓之鸟可以认为是恐惧的典型。就心理的形成过程来讲，恐惧并不是自身所带有的特征，算是外界的影响，如果说生长在一个非常稳定的环境里是不会有恐惧的心理的。

"真正的投资者不会担心错过这种行动，他们担心的是未经准备就采取这种行动。"这是巴菲特谈到影响大量牛市投资者的"不容错过的行动"因素时的警告，话中透露出他对待牛市的态度和平时的投资理念。

有人说，炒股是人的两个本性——恐惧与贪婪的放大。贪婪和恐惧是人类的天性，对利润无休止的追求，使投资者总希望抓住一切机会；而当股票价格开始下跌时，恐惧又占满了投资者的脑袋。散户投资者，希望短线获取暴利，想赢怕输的心态决定了恐惧与贪婪往往吞噬自己正常的心态，很容易导致操作上的失误。

投资大师巴菲特为人们提炼出两种最基本的心态，恐惧和贪婪，并为我们总结了两句知易行难的名言，在别人贪婪的时候恐惧，在别人恐惧的时候贪婪。对每一个人而言，在投资的过程中，不妨时时警惕自己的内心，现在的我，是正在眯缝起贪婪的双眼还是正在放大恐惧的瞳孔？

股民应该都有这样的体验，当股价飙升的时候，你一定兴高采烈；

当股价下跌的时候，你一定郁闷甚至深深地恐惧。当股价下跌的时候，很多股民争相出逃，即使股价尚稳，也不敢回补，直到看到真的涨起来啦，才想起来要买入，这时候股价已高，短线风险已经存在，下一步，往往就是微利出局甚至再次被套。还有一种股民，当股价涨得很高，就是不走，终于下跌了，还舍不得卖，结果就是收益坐电梯，甚至还要被套牢。暴跌会暴露出很多人性弱点，比如很多人把股价卖到地板上，很多人有机会第一时间逃跑却留下站岗。总结起来就是一个公式：贪婪＋恐惧＝亏损。

炒股失利就是贪婪和恐惧在作祟，因为贪婪才不肯抛掉不断上涨的股票，因为恐惧才会割肉卖掉手里的股票。

从长期经验来看，谁都无法以最高价卖出，因此。不要使贪婪毁了你的投资。投资中应时刻保持"知足常乐"的心态。

同样，恐惧会妨碍投资者做出最佳决定：

第一，在股价调整时，把股票卖掉，因为怕股票会跌得更深。

第二，错过最佳的买入机会。因为股价处于低位时我们正心怀恐惧，或者虽然有意买入，却找个理由使自己没有采取行动。

第三，卖得太早，因为我们害怕赚得不易的差价又赔掉了。

当我们恐惧时，往往无法冷静地评估眼前的情况。我们一心把注意力集中在危险的那一面，正如大熊逼近时，我们会一直盯住它那样，所以无法看清它"有利"与"不利"两面因素的整体情况。当我们一心一意注意股市令人气馁的消息时，自认为行动是基于合理的判断，其实这种判断已经被恐惧感所扭曲了。当股价急速下降时，会感到钱财离我们远去，如果不马上采取行动，恐怕会一无所剩。其实，即使是熊市期间，股价也会上下起伏，每次下跌总有反弹上涨的时候，然而，每当股价下跌，一般人会忘了会有支撑的底价，也就是股价变得便宜，大家争相购入的价格。

事实上，当我们心中充满"贪婪"和"恐惧"时，就无法保持长期的眼光和耐心，而这两点恰恰是成功的投资者所不可缺少的态度。

从下面的股市分析我们可以看出，截至2009年10月16日收盘，股市在3000点关口已经徘徊了两个月，人们的心态也在发生着微妙的变化，一年前的2008年6月，A股上证指数在人们的叹息中跌破3000点，时隔一年有余，股指从1664点反弹，在2009年7月重新站上了3000点大关，最终上冲3400点。尽管是相同的点位，但是两个3000点大家的心态已经截然不同，在这个新的3000点关口，人们的心态更趋谨慎。

谨慎的表现之一就是看空后市，认为经济复苏的进程极有可能出现反复，将资金全部变现买入固定收益；谨慎的表现之二就是全部清仓，将所有资金均加入打新股的行列，在创业板高市盈率的发行中博取"炒新"之机；谨慎的表现之三是买入黄金，赌定未来的通胀前景，认为黄金才是固守之本。这样的谨慎心态似乎给我们一种启示，在别人恐惧的时候贪婪。

"在别人恐惧时贪婪，在别人贪婪时恐惧"说来简单，真正做到很难。每个人都认为自己能做到，但事实并非如此，回顾一下巴菲特投资中国石油的整个过程以及人们看法的相应变化就可见一斑。

2003年4月，正值中国股市低迷时期，巴菲特以每股约1.65港元左右的价格大举买入中石油H股23.4亿股。华尔街、伦敦、中国香港的分析师纷纷发表看法，所罗门美邦等投行当时正建议沽出中石油，他们认为更好的选择是中石化。香港知名专栏作者曹仁操则直截了当地亮出了自己的观点：巴菲特投资中石油是"犯傻了"。

4年之后，股神接连7次以13.47港元的均价抛空所持有的中石油股票，净赚了277亿港元。4年来，巴菲特在中石油上的账面赢利就超过7倍，这还不包括每年的分红派息。人们还没来得及为股神欢呼，受到国际油价屡创新高、油气储备新发现以及回归A股等因素的推动，中石油的股价一路飙升，最高涨至20.25港元。自巴菲特第一次抛出开始，同期恒生指数最高上涨了近万点，如果巴菲特所持的中石油股份未售出，其市值将比出售套现获得的315亿港元多出约160亿港元。于是，人们开始怀疑股神真的老了吗？

当中石油A股以48.62元开盘时，市场一片哗然，看来股神真的错了。于是，质疑与猜测之声铺天盖地，甚至一些媒体也声称巴菲特不完全了解中国，没有预测到中石油未来业绩的持续性增长，没有看到中石油价值严重低估，犯了"低级的错误"。而最近中石油A股17元多，H股9港元多，至此时，人们才不得不承认股神的远见。

"在别人恐惧时贪婪，在别人贪婪时恐惧"意味着要找到"恐惧"和"贪婪"的节奏。把握这种节奏很难，因为人都有极强的从众心理，很难摆脱外在环境的影响。在市场的上升阶段，指数几乎每天都在上扬，你不会允许自己卖掉股票，担心会落后于他人。同样，在市场的下跌阶段，几乎没人有胆量再买入股票。这其实就是巴菲特所说的缺乏"制度性强制力"。

要做到"在别人恐惧时贪婪，在别人贪婪时恐惧"，我们首先要抛开贪婪，抛开恐惧，面对企业，挖掘价值。只有把握了企业真正的内在价值，我们才能找到贪婪和恐惧的真正节奏。

思维 38. 跟巴菲特学点心理运算

股票市场每天都在涨涨跌跌，个股的日间波动更是极为平常，对市场和个股为什么涨、为什么下跌的思考和追问，是每一个勤奋的投资者少不了的功课。

其实，无论我们多么的勤奋努力，我们每一个人都有看不懂股市的时候，不仅有时看不懂个股表现，甚至有时还看不懂市场行情，即使是资深的证券分析师、老练的机构投资者也都概不例外。令股评家们大跌眼镜的事情多得是，机构投资者错过一波行情或没逃过大跌的噩运更是比比皆是。

巴菲特认为复杂运算不如简单运算，简单运算不如不算。心理运算指的是，我们会随着环境的变化而改变自己对资金的看法。我们在心理上都倾向于把资金放到不同的"账户"中，这一点决定了我们如何考虑运用它们。

一个有趣的比喻：假设你与你的妻子刚刚外出回家，你掏出钱包准备付钱给替你看孩子的人，但发现原来放在钱包里的100元不见了。所以在你开车送看孩子的人回家的路上，你在自动取款机前停下，取出100元交给替你看孩子的人。但当你回家后你发现那100元在你的夹克口袋里。

很多人对这100元的反应都是欢欣鼓舞的，你夹克兜里的100元是"白捡"的。尽管这第1个100元与第2个100元都是来源于你的活期账户，它们都是你的钱，但你手里拿着的这100元是你没想到的，你感到可以随意花掉它。

为了展示这个概念，理查德·萨雷提供了一个有趣的学术试验。在这项研究中，他用两组人进行试验。第1组人被分配30元现金并有两项选择：一是他们可以将现金揣进口袋里，走掉；二是他们可以以掷硬币赌博，如果赢了，他们可以额外得到10元，如果输了，则从他们的钱中扣除10元。多数人选择赌博，因为他们盘算，即使输了，他们仍可白白得到20元。

第2组人则被给予不同的选择：一是试着进行掷硬币赌博，如果他们赢了，他们将得到39元，如果输了，他们将得到20元；二是直接得到30元，不掷硬币。有多半数的人选择直接拿钱。其实两组人赢得的是一样多的钱。机会也完全相等，但是两组人却以不同的方式看待局势。

这项试验的意义是很明显的：我们如何决策投资、我们选择什么方式管理投资是与我们如何看待金钱密切相关的，而心理运算就进一步解释了人们为什么不愿意卖掉业绩差的股票。在他们心中，损失只有在股票卖掉时才变为真正的损失。从更广意义上讲，心理运算这一理论突出了有效市场理论的一项不足之处；它显示出市场的价值不仅仅是由信息的总量所决定的，也是由人们加工处理这些信息的方法所决定的。

真正决定股票胜负的股市分析的"心理运算"，或者说是"选择运算"选择时机、选择个股、选择价位、选择数量、选择买卖、选择投资还是投机，等等。这六大选择是前后连贯的，也是相互关联的，任何一个选择失误都将带来损失或者失败。为什么在股市里，复杂心理运算反而不如简单的心理运算呢？

一个投资者越是进行复杂的心理运算，就越容易脱离市场的平均"心理运算水平"，而一个懒惰的投资者或者一个受教育程度较低的投资者，他们的简单心理运算更贴近市场平均心理运算水平。

1. 复杂运算不如简单运算

对投资者的投资业绩进行统计、调查、分析，发现有两个重要的结论：一是投资者的业绩好坏与投资者受教育的程度无关；二是投资者的业绩好坏与投资者入市的时间长短无关。

对投资者的投资业绩进一步研究发现：

（1）投资者的业绩好坏不仅与投资者受教育程度无关，而且，在同层次（年龄差不多、资金差不多）的投资者中，投资者的投资业绩与受教育程度成反比。

（2）投资者的业绩好坏不仅与投资者入市的时间长短无关，而且，在同层次（年龄、学历差不多，资金差不多）的投资者当中，投资者的业绩与其认真和勤奋的程度成反比。其中，认真和勤奋的程度是指投资者对股市投资赢利或亏损的重视程度，对股市信息的研究程度。可以这么说，受教育程度高的人肯定比受教育程度低的人有更复杂的心理运算，认真和勤奋的投资者肯定比懒惰的投资者有更多的心理运算。

鉴于复杂运算不如简单运算的事实，我们投资者应该"走出追问"，也就是要尽量少去追问、少去对质。确切地说，作为基本分析的投资者，就应该像巴菲特一样"只"关注基本面，不要去追问K线的波动；作为技术派的投资者，就不要去追问公司的业绩等基本面的东西……

在现实世界里，一个人并不因为聪明而成功，实际上一个人的成功关键是行动，一个并不是很聪明的人因为考虑面子、后果和其他因素更少一些，而往往更能够争取到时间和把握住机会。据统计：聪明的人比不怎么聪明的人在同等条件下往往不成功；聪明的人又往往比不怎么聪明的人的身体要差且短寿。

2. 简单运算不如不运算

对投资者的投资业绩进一步深入研究，发现一个更为值得思考的问题：真正赢利最大的投资者是不进行什么投资心理运算的。

我们发现，普通大众的赢利或者亏损，从全局的角度看，实际上是一个概率问题，他们投资的业绩与心理运算多少成反比。

究竟是什么原因，造成简单运算不如不运算呢？

这就是公开信息和内幕信息的问题。在股票市场里，有一个明的世界和一个暗的世界，其中，在信息方面，就是公开信息和内幕信息。这个明的世界是保护中小投资者利益和"三公"原则，这个暗的世界就是庄家的运作过程,其中,在股票的走势上,就是黑马和白马的问题,如此等等,不一而足。

投资决策过程一方面受到投资者心理认知偏差的影响,一方面也会受到交易市场的噪声影响,从而表现出有限理性的特征,进一步导致市场的非理性。股市的涨跌,归根结底是由股市中股票供求变动引起的,股价的不断上涨源自股票的需求高于供给。

也就是说,最重要的是,股票市场是由人组成的。大量的实证研究表明,投资者学点心理运算则是正确的选择。

思维 39. 考虑沃特·米提效应

1981 年巴菲特致股东函中提到这样一段话:

投资人可以永远用"蟾蜍"的价格买到"蟾蜍",但是如果投资人愿意用双倍的代价资助"公主"去亲吻"蟾蜍"的话,就要祈祷奇迹能够发生。许多"公主"依然对她们的吻保持坚信的态度,相信它们有使"蟾蜍"变成"王子"的魔力,即使在她的后院早已养满了一大堆的"蟾蜍"。

巴菲特确实用"蟾蜍价"买过不少"王子",当然这种机会并不是很多,也并不排除用"王子价"买下"蟾蜍",遇到这种不幸的时候,也要有一定的承受能力。

在师从格雷厄姆之后,巴菲特学会了独立冷静地思考,他的大多数投资行为都表现得极为理智。因为,股市是一个充满波动的市场,如果没有强大的情绪控制力和承受能力,是不适合在股市里打滚的。

在这里，你必须学会在任何变动面前都泰然自若、机智冷静，不然情绪波动就会让你的计划全盘皆输。也正是在这样的情况下，巴菲特显露出了他的不凡之处。

1987年的股灾之前，美国股市连续上涨5年，是一场空前的大牛市。

1984—1986年，美国股市持续大涨，累计涨幅2.46倍，道琼斯指数从不到1000点上涨到是让人吃惊的2258点。但就在人们陶醉于股市连续5年持续上涨的喜悦之中时，一场股灾突然降临了。1987年10月19日，这是股票历史上第一个黑色星期一，一天之内，道琼斯指数跌了508点，跌幅高达22.6%。股市暴跌，巴菲特的伯克希尔公司股票也未能幸免，巴菲特个人99%的财富都来自他控股的上市公司伯克希尔公司的股票。一天之内巴菲特的财富就损失了3.42亿美元。在短短一周之内伯克希尔公司的股价就暴跌了25%。

巴菲特认为，认识自己的风险偏好、能够承受风险的能力，以及投资领域的风险状况，更值得我们重视。

相信自己能够控制和影响环境的投资者，有高度的风险接受能力。强磁铁可以把附近所有含铁的东西吸附过来，这在某种程度上，与投资者的风险承受水平可以吸附金融心理的所有因素是一样的。心理学的概念是抽象的，但是，在日复一日的买进和卖出活动中，它们又是实实在在的。而贯穿所有这些决定的线索就是你如何看待风险。

在过去的几十年里，投资专家投入了大量的精力，帮助人们分析他们对风险的接受度。最初，它好像是一个非常简单的任务，通过面谈或书面调查，能为每一个投资者构建一个风险框架。麻烦在于，人们对风险的忍受程度是建立在情感之上的，这就意味着它会随着周围环境的变化而变化。证券代理商、投资咨询家、金融规划者们观察到，当股价上扬时，投资者大胆地向股市里添加投资；而当市场回落时，他们又将投资投回到固定收入的证券上。一夜之间，投资者会戏剧性地改变他们的投资组合，卖出股票而买入债券或其他固定收入的证券，这种在激进与保守的投资者之间反复折腾的现象，激发了人们对风险接受度的研究。

在投资者中，敢冒风险的人非常令人钦佩，投资者们都受这种人性趋势的支配，以为自己可以承受某种程度的风险，但实际上却不是这样。他们的行为被心理学家家D.C.布鲁特称为"沃特·米提效应"。

一般来说，投资者对股市的反应大体是这样的：当股价上扬时，他们成为自己眼中的英雄，敢于承担额外风险；但当股价下跌时，投资者拥挤在门口，然后逃之夭夭，不见了踪影。

我们如何了解自己的风险接受度，尽量避免风险呢？我们要找出衡量风险容忍度的尺度，这个尺度要尽可能地解释产生这一现象的原因。我们必须深入标准分析问答题的表层之下，去探求心理驱动因素。

那些相信自己能控制生活的人，那些设定目标指导自己的行动的人能承受风险。自控能力与成就动因与风险的接受密切相关，自控倾向指的是人们感觉他们能在多大程度上影响其生活的环境，以及做出生活决策的能力。那些认为自己有控制周边环境能力的人被称为"内在人"；而"外在人"认为自己几乎没有什么控制能力，就像一片树叶被风吹来吹去，无法控制。根据我们的研究，具有高度风险承担倾向的人绝对是属于"内在人"一类的。

成就动因可以被描述为人们做事的方向感，我们发现善于承担风险的人是方向感很强的人，尽管对目标的高度集中可能会导致深深的失望。

另外，风险接受度与人性的两个因素也有关：性别与年龄。年纪大的人们相较年轻人更不愿意承受风险，而女性通常比男性更谨慎。这点显然与富裕程度没有关系，有钱或没钱似乎对风险接受能力并无影响。

我们意识到，要揭开这些人格特点与风险承受能力之间的真正关系，投资者需要考虑自己如何看待风险产生的环境。他们把股市看作一场输赢靠运气的游戏，这是一种偶然的两难局面，在这个局面中正确的信息与理性的选择相结合会产生期望的结果。

我们所了解的每一件关于心理、风险承受能力以及投资的事情都在巴菲特身上得到体现。他忠于自己的研究，而不是相信运气；他根据信息做出理性的选择；他相信自己能够控制环境，并且能通过自己的决策影响最终的结果；他的行为源于认真思考设定的目标，而不是受短期事件所左右；他了解风险的真正因素，并能满怀自信地接受各种后果。

巴菲特经常说，他从格雷厄姆那儿学到的最有价值的事情之一是，对股市有一个真正投资者的态度的重要性。"如果你有这种态度，"巴菲特说，"你就走在了99%的股民的前头。这是一个巨大的优势。"

那么，身处股市暴风雪中的巴菲特如何反应呢？投资者应该学习的技巧有什么呢？

1. 泰然自若

在暴跌那一天，巴菲特可能是整个美国唯一一个没有时时关注正在崩溃的股市的人——他的办公室里根本没有电脑，也没有股市行情机，他根本不看股市行情。整整一天，他和往常一样安静地坐在办公室里，打电话，看报纸，看上市公司的年报。过了两天，有位记者问巴菲特："这次股灾崩盘，意味着什么？"巴菲特的回答只有一句话："也许意味着股市过去涨得太高了。"

2. 静观其变

巴菲特没有恐慌地四处打听消息，也没有恐慌地抛售股票，面对大跌，面对自己的财富大幅缩水，面对他持有的重仓股大幅暴跌，他非常平静。

原因很简单：他坚信他持有的这些上市公司的股票具有长期的持续竞争优势，具有良好的发展前景，具有很高的投资价值；他坚信股灾和天灾一样，只是一时的，股灾最终会过去，股市会恢复正常，他持股的公司股价最终会反映其内在价值。于是，等待股价的回升就成了他的工作。"1986年，我最大的成就就是没有做任何蠢事，诀窍是当没有合适的事情可做时，就什么也不做。"这句话，也成了他标志性的言论。

真正的投资者必须为股市的各种必然升降做好心理和金融上的准备。不仅仅是从理智上知道股市会下挫，而是在股市实际下挫的时候，已经做好了情感上的准备，能对此做出正确反应。所以，作为一般投资者，在你投资之前，要弄清楚你的风险承受能力，以便理智操作。

第七章
规避风险——投资失误是一面镜子

股市投资险象环生，只要涉入其中，再聪明的高手也难免会遭遇各种各样的风险。巴菲特是如何应付的呢？巴菲特的投资原则有很多，比如说投资优秀的企业，要成为一名企业经营者，掌握正确的市场规律，利用市场的非理性，把鸡蛋放在一个篮子里的组合原则以及分析企业的赢利能力，等等。这些投资原则都是他在长期的投资过程中一点一滴总结出来的。

思维 40. 风险投资需要保持头脑的清醒

俗话说，股市有风险，投资需谨慎。谨慎，就是要时刻保持清醒的头脑，以理性的心态去投资。巴菲特说："投资者如何表现，主要取决于他拥有的是内心计分卡还是外界计分卡。如果能用内心记分卡来衡量自己，那才是最有价值的。"这句话即是在强调，投资者只有时刻保持清醒的头脑，才能不被深不见底、变幻莫测的市场吞噬。

理性投资向来是巴菲特奉行的投资理念。在投资市场上，巴菲特时刻都保持着清醒的头脑。2008年9月，美国第四大投资银行雷曼兄弟控股公司申请破产保护时，就曾多次与巴菲特联系，希望巴菲特出手相救，接受他们的资产。全球最大的保险公司美国国际集团也曾这样做过。

虽然当时的巴菲特手握大量现金，可是他头脑非常冷静，依然固守他那一套投资理念，不会因为有大批上市公司股价暴跌而盲目出手。巴菲特通过电子邮件婉言拒绝了雷曼兄弟控股公司的请求。他说，我不想把钱投给雷曼，因为我看不到有好的回报，雷曼公司的账面上正在流血，而股市就像一把落下的刀。

时刻保持清醒的头脑不仅使巴菲特逃避过一次次股灾，也使得他在机会来临时能迅速出击。

例如，在20世纪70年代初的金融灾难中，很多投资者经历了痛苦和绝望，但巴菲特却在众人的唉声叹气中看到了机遇。1974年，巴菲特以1000多万美元的价格购买了《华盛顿邮报》公司的股票。在当时的市场环境下，很多人都认为巴菲特是在冒险。但巴菲特却不这样认为,他认为风险来自你不知道自己正在做些什么,而购买《华盛顿邮报》则是一项没有任何风险的投资。他说:"如果你问《华盛顿邮报》公司中的任何一个人它的资产价值是多少,他们都会说是四亿美元或是一个相近的数目。即使是半夜两点在大西洋的中部举行拍卖,也有人会出面为这一价格进行竞买,而且《华盛顿邮报》的管理者是一些诚实而有能力的人,他们的净资产有一大部分就在企业里,这太安全了。即使我当时将所有的净资产都投入其中,我也不担心,一点也不会。"

后来的事实证明了巴菲特的判断是正确的。有人说,购买《华盛顿邮报》是巴菲特职业生涯中的一个重要的里程碑,虽然当时的巴菲特还算不上是投资界的大腕,但至少说明了他将来所要走的路没有沿袭前辈,而是凭借自己清醒的头脑踏上了一条与多数人所走的完全相反的路。

巴菲特的这种理性投资来源于他的老师格雷厄姆。在《证券分析》中,格雷厄姆提出了以净资产价值、低市盈率为标准的投资方法,并且应用利率来衡量价格的高低。他发现一个数学的评价公式,即企业的中心价值应满足三个标准:

(1)10倍以下的市盈率;(2)个股价格相当于历史最高价的一半,即股价从最高价回调了一半;(3)股价不高于每股净资产。

格雷厄姆的投资学说是基于稳健投资的原则之上的,而他把稳健投资的精髓提炼为"安全边际"。格雷厄姆认为,一旦股票的价格低于其实质价值,那么,这只股票就存在一个安全边际。简单地说,公司的实质价值包括公司的资产、盈余以及股利等。

以市盈率、净资产等可量化的指标为依据，格雷厄姆及其追随者们确实在1968年以前的美国股市中，找到了一批"便宜货"。

巴菲特继承并发展了格雷厄姆的学说。但对于成长性股票，他认为很难知道支付什么样的价格才算合理，也不知道购买多少股才能获得预期的收益。对于所有包含预测成分的指标，他都认为不是投资的基础。因为对于公司经营的预期总是由于其易变性而难于达成，一旦乐观的情绪占主导，价格就会远高于其价值，随之而进行的操作就成为典型的投机行为。

巴菲特认为，当投资人过度预估这些捉摸不定的东西时，通常会带来具有风险的思考模式。他举例说，如果一家公司预计未来盈余丰厚，投资者就会以高价去购买，这样，股价就会很容易偏离其实质价值，并不断扩大，而一旦盈余的预期未能达成，投资者面临的风险就可想而知了。

但是这种稳健并带有偏见的做法，实际上也使巴菲特错过了好多机会。在科技股的投机狂潮中，存在大量的暴富机会，最典型的如美国在线，在不到9年的时间里，该公司股价最高时上涨了3.47万倍，投入1万美元就可变成3.47亿美元的天文数字。如果巴菲特在1999年投资于科技股，然后又在2000年3月份后及时退出重新拾起原来的传统绩优股，那会创造多么辉煌的业绩啊。但这只能是假设，巴菲特不会这样做，因为巴菲特是一个理性的投资家。

巴菲特坚信凡是泡沫最终都会破灭，不管是新经济还是旧经济，公司的赢利是第一位的。巴菲特的冷静和理性反映了他的投资原则。

巴菲特在伯克希尔公司1997年年报致股东的一封信中写道：1979年的夏天，当时美国股市非常低迷，为此我在《福布斯》杂志上发表文章说："在股票市场中，想让大家有乐观的共识是要付出相当大的代价的。"其意思是说，当时的美国股市中弥漫着怀疑和悲观情绪，便宜股票比比皆是，投资者应该乐观才是。而如今（1997年）看来，虽然似乎已经要达成乐观共识的地步了，但股市上涨却不是购买的好时机。

巴菲特在这里要强调的是，股市暴涨暴跌时投资者要格外保持一份冷静。他认为，投资者要想在股市中取得成功，最主要的条件就是不要被市场情绪所左右，要时刻保持清醒的头脑。

思维41. 摸透市场情绪的特征

数十年来，巴菲特在股市中游刃有余地搏杀着，创造了一个又一个令世人瞩目的神话，最终成为了美国华尔街名副其实的股神。在巴菲特看来，他之所以取得这样的成就，是因为他对市场的娴熟把握和利用。他认为，只要能够摸透市场的情绪，并且加以适当利用，那么投资者就可以在一次次的较量中成功胜出。

在常人看来，巴菲特似乎总是一个与所有人背道而驰的人。他的观念总是令人不可理解，他的行为总是让人感到扑朔迷离。在他眼里，那些整日盯着各种各样数据不放的专业会计师、股票分析师或者是经济学博士，他们总是对那些繁杂的数据情有独钟，他们总是认为这些数据是对股票进行分析时的最有效的工具。而对于巴菲特本人来说那被分析师们视若珍宝的数据的参考价值基本上等于零,他曾经说过,当投资者沉浸在浩如烟海的数据里时,他几乎不可能找到正确的方向。

在变幻莫测的股票市场上,大多数投资者总是显得那么迷茫而又无助。这一切都是源于人性自身的弱点。他们似乎总是对股市充满了幻想,他们认为股票价格上升时,是买入股票的最好时机,这意味着投资者可以在很短的时间里获得丰厚的利润,此时几乎所有的投资者都显得过于天真,利益的驱使使他们把所有可能的风险都抛在脑后。带着无比兴奋的心情他们把大部分甚至是所有的财产都投入股市。于是他们便焦急地等待着利润到来的那一天,天不遂人愿,当股票一旦出现大幅下跌时,这些投资者就成了最可怜的人,血本无归的惨状随处可见。然而股票市场永远是一个让人看不清也摸不透的地方,它就像是一个过于顽劣的孩子,当它一时兴起急转直下时,就会有数以万计的投资者被它轻而易举地玩弄于股掌之间。极度的恐慌致使投资者们的情绪瞬间出现极度的波动,于是他们纷纷抛出手中的股票以求自保。此时的他们已经毫无理智可言,他们已经完全被价格的走势牢牢掌控,股价跌一分,他们就跟着抛一只,在这个过程中他们大量的优秀股票也和那些相对较差的股票一起被抛售。当他们事后为自己的行为感到懊恼万分时,他们似乎并不知道,之所以会出现如此惨重的后果,其实就是因为他们在进入股票市场时已经成为了市场情绪的忠实奴仆。一头雾水的他们就像是在大海里游来游去的鱼群,他们毫无辨别方向的能力,只是一味地跟在别人的屁股后面,看见有人抛他也抛,看见有人买他也买。到最后他们将会为他们的盲目从众付出惨痛的代价。这正是巴菲特所嗤之以鼻的。

巴菲特曾说:"我之所以有今天的成就,是依靠了'自律'和'愚蠢'这两样东西:自己的自律和别人的愚蠢。"巴菲特就像是一位艺术大师,他的情绪在他的手里似乎总是显得那么温和而顺从。在他看来,只要确保自己的情绪不被市场的情绪所左右,那么投资者就可以在支配自己的情绪的同时,充分利用市场的情绪来为自己创造财富。

如今的巴菲特已经取得了辉煌的成就,在这些耀眼成就的背后,渗透着他对待股市的与众不同的思维逻辑与观念。在他看来,股市的起起伏伏毫无定数,这就向所有投资者提出了巨大的挑战,当股价出现下跌时,投资者能否做到稳定自己的情绪,做到镇定自若从而做出判断;而当股价出现上涨时,投资者能否冷静观察,隔岸观火,从而做到不盲目跟进,这对于投资者来说是至关重要的。

然而令巴菲特感到失望的是,数以万计的投资者在面对股票市场的起伏跌宕时都成了市场情绪的阶下囚。忽阴忽晴的情绪总是会在他们对股票进行分析从而做出决策时,不失时机地介入,并产生重大的影响,有时甚至是决定性的。这时购买股票似乎并不是为了获取利润而是用来发泄自己的情绪,此时的股票市场也就成了他们任意发泄情绪的场所。

于是就会常常出现这样的情况:当他们情绪高昂时,他们会异想天开地认为股票价格会永远攀升,于是盲目购买。而当他们情绪低落时，他们就会将手中的股票大量抛出。在巴菲特看来这样做的后果只有两个，一个是由于盲目购买而导致资金被严重套牢；另一个就是由于大量抛售而错失获利良机。巴菲特一针见血地指出："市场情绪对于投资者的影响是致命的。"

巴菲特对于市场情绪的厌恶之情一直以来总是有增无减。巴菲特总是把市场形象地比喻为充满各种各样情绪的人。它的情绪飘忽不定，时喜时悲总是让投资者摸不着头脑。大喜过望时，股价就会随之上涨，投资者就会蜂拥而上；情绪低落时，股价就会随之下降，投资者就会疯狂抛售。然而等一切都尘埃落定之后，投资者才会醒悟原来这一切都是骗局。由于股票市场的价格总是处于不断变化之中，时高时低让人眼花缭乱，而要想在这种情况下做出正确的判断简直是比登天还难。因为此时股票的实际价值已经无法得到真正的显现了，它不是被过分地高估，就是被过分地低估。如此高高低低、时上时下的股市价格，只会把投资者搞得头昏脑涨，不知所措。此时投资者的情绪就会受到股市情绪的严重影响，这时所做的任何决定都会被笼罩上情绪的阴影，可想而知等待着他们的将会是什么。

而当他们一次次品尝了失败的苦果之后，他们就会为了自身的安全去寻找解决的办法。这时整天在股票市场上口若悬河的股票分析师、经济学家就成了他们的救命稻草，投资者对他们的言论推崇备至。他们总是不厌其烦地到处兜售他们的理论和建议。令巴菲特震惊的是，那些听起来冠冕堂皇的说辞总是能吸引到众多投资者，这些投资者成了他们忠实的信徒。在他们看来，拥有专业的经济学知识是投资成功的可靠保证，而拥有一定的会计学知识就会令自己如鱼得水。所以每天都会有数以万计的投资者自掏腰包为那些美丽的说辞买单。

在他们的观念当中，数据是决定成功投资的关键。但是巴菲特对此提出了彻底的批判。他认为决定投资成功的关键因素是看投资者是否能够控制自己的情绪，从而避免被市场情绪所控制。这也正是巴菲特之所以能够成为华尔街股神的原因所在。

思维 42. 忽视短期波动，购买未来的投资理念

每个投资者在进入股市时，都怀揣着一个理想的目标：战胜市场，从中分一杯羹。然而，最后能成功实现这个目标的少之又少。

的确，市场是变化多端、令人难以捉摸的，一着不慎可能全盘皆输。股市上，每天都会有不计其数的人败下阵来。究其原因，往往就在于他们都是股价短期波动的受害者，也许是由于他们对于股价下跌的恐惧，也许是由于股价上涨的诱惑，最终他们都难逃失败的厄运。

巴菲特似乎就比他们幸运得多，其实与其说是幸运，不如说巴菲特是受益于他忽视短期波动，购买未来的投资理念。这正是他能够在股票市场上屡战屡胜的绝招。正如他自己所说："真正决定投资成败的，是公司未来的表现。"

每当谈到持有股票时间时，巴菲特说得频率最多的就是两个字："永远"。在他看来，似乎只有永远持有，他才会更加放心大胆地进行投资，但这只是巴菲特自己的设想而已。现实当中，几乎没有哪一家企业可以达到能够让投资者对其股票永远持有的。巴菲特的这个愿望

其实是想说明，在进行投资时，最好是选择那些值得投资的企业，然后做到持有其股票的时间越长越好。

选择那些有着悠久历史，并且具有持续竞争力的企业进行投资，似乎是几乎所有投资者的偏好。但是巴菲特提醒这些投资者，以往成功的历史和目前良好的运营只是你在选择投资企业时所必须参考的标准，选择了这样的公司并不是说就万事大吉了，这才是万里长征走完了第一步，投资者的命运将取决于遥远的未来，是成是败只能看公司未来的发展。

所以巴菲特在进行投资时，首先要做的是选择质优绩佳的企业，之后就会打算长期持有该企业的股票。在他看来，如果投资者对这样企业的股票采取的是短线操作的话，那无疑是在堵自己的财路，他认为这样的投资者不应该在股票市场上滥竽充数，而应该去赌场或是跑马场一类的地方大显身手。他似乎对他们总是充满着挖苦与讽刺。

对于那些值得巴菲特投资的股票，他总是期望能够与它长相厮守，他曾经说过："如果我正在一家教堂里布道，或者说我拥有一家俱乐部，我不会把教堂里的听众更新得是否频繁，或者俱乐部成员是否具有高级身份作为衡量自己成功与否的准则，我最想要的结果是，没有人离开他的座位，这样任何其他的人都没有办法捞到一个座位。"

他认为，从长远来看，企业的内在价值必然会被市场价格反映出来，因此投资者应该把更多的精力放在企业的长远发展上，而不是南辕北辙地去盯着短期的价格波动不放。

巴菲特对于市场的波动有着自己的理解，他认为如何看待股票下跌，不同的人有不同的理解。对于大多数投资者来说，股价下跌似乎是不详的预兆，一旦出现下滑的趋势他们的神经就开始不由自主地紧张起来，于是他们就开始抛售手中的股票来获得安全感。但是当价格上涨时，他们又一反常态地精神亢奋，于是又开始不由自主地冲进股票市场抢购股票，事实上，即使日后该股票的表现良好，投资者可以获利，但是由于当初的高价购买，也已经使得他们的利润变得微不足道了。但是股价下跌在那些冷静、独具慧眼的人眼里，可是完全变了个模样，它会变得异常受欢迎，因为当它来临的时候它随身也带来了机会。此刻一场场别开生面的收购大宴就开始拉开帷幕，当宴席散去之后，接下来要上场的就是滚滚的利润。

所以在巴菲特眼里，只有那些不计较短期利益得失，而把目光投向未来的投资者才会在股票市场占有一席之地，才能够有所作为。

巴菲特认为，把目光放长远也就是要把自己当成投资企业的经营者或者是合伙人。当投资者将某企业的股票买到手里的时候，投资者应该意识到此刻的股票已经不仅仅只是代表股票本身，它更代表着该企业在未来的经营状况、赢利能力和投资回报率。也许在买入之初会有些不尽如人意，但是投资者要想获得长远的利益就要耐心陪伴着这个企业慢慢成长，慢慢地将它的内在价值展现出来。就是因为有了这样的认识，所以巴菲特在投资可口可乐、《华盛顿邮报》、吉列等众多优秀的企业时，始终坚持长期持有，即便是某个企业危机重重时他也仍然坚持着与这些企业共患难的信念。他告诫那些投资者："如果你已经对某个企业进行了投资，并且持有了相当多的股份，那么你就必须确保你自己一定不是因为只看见了该股票的短期上涨而做的决定，而是基于该企业在未来的时间的赢利能力而做的最终决策。当你拥有该公司的大部分或全部股票时，你仍然去关心它在短期内的表现，那么在很大程度上你是在进行自我折磨。"

而对于伯克希尔公司的股东，巴菲特也同样希望他们能和自己一样做到这一点。他对所有股东说："我衷心希望各位在决定买进我们公司的股票的那一刻起，就把我们当成你们的忠实的伙伴，从此以后我们将同呼吸共命运。各位都应该明白的是，股市的短期波动在过去会有，在现在也同样存在，将来也一定会不可避免，只要世界上还存在着股票交易，它就永远不会消失，所以你们根本不必为此担心，在将来的某一天，你们一定会看到公司良好的赢利能力给你们带来丰厚的回报。只要你们能够始终做到不离不弃，持之以恒。"

这也正是这位"股神"对所有投资者的建议，忽视短期波动，购买未来，你就能战胜市场。

思维43. 果断回避不可测的风险

股市投资险象环生，只要涉入其中，再聪明的高手也难免会遭遇各种各样的风险。那么，究竟该如何应付风险呢？对此，巴菲特有一个独特的原则：一旦一项投资遇到不可测的风险，投资者就应迅速撤出，绝不要恋战。

在2005年致股东函中，巴菲特这样说道：

"为了满足保险客户的需求，1990年通用再保险设立了衍生交易部门。但在 2005 年我们平仓的合约中有一个期限竟然是 100 年。很难想象这样的一个合约能够满足哪方面的需求，除非是只关心其补偿的一个交易商在他的交易登记簿中有一个长期合约需要对冲的需求。

"设想一下，假如一个或者是更多家企业（麻烦总会迅速扩散）拥有数倍于我们的头寸，并且想要在一个混乱的市场中进行平仓，在面临着巨大的广为人知的压力的情况下，事情会变成怎样？在这种情形下应该充分关注事前而不是事后，应该是在卡特里娜飓风来临之前，考虑且提高撤离新奥尔良的最佳时机。

当我们最终将通用再保险的证券交易部门关门大吉之后，对于它的离开我的感觉就像一首乡村歌曲中所写的那样：'我的妻子与我最好的朋友跑了，我想念更多的是我的朋友而不是我的妻子。'"

从巴菲特这简短的几段话中，可以看出巴菲特对防范风险的强烈意识。除此之外，巴菲特对于那些不可预测的风险，处理起来一向是十分果断的。

2004 年 3 月，美国国际集团承认公司对一些账目处理不当，伯克希尔·哈撒韦下属的通用再保险公司曾经与其合作过一笔"不符合规定"的再保险交易，这笔业务应该属于贷款而非保险交易。

通用再保险公司 1998 年被收购以后就一直风波不断，1998 年与同属伯克希尔·哈撒韦的国家火险公司为 FAI 保险公司出售再保险产品，经商定后达成秘密协议：FAI 公司在 3 年内不得寻求保险赔偿。这项规定在很大程度上弱化了该产品转移风险的功能，摇身一变成了短期贷款。FAI 公司不久被澳大利亚第二大保险商 HIH 公司收购，因FAI公司的资产负债表被人为美化，HIH公司利润也随之虚增。澳大利亚监管部门调查后决定，自2004年10月开始禁止通用再保险公司的6位主管在澳大利亚从事保险业活动。澳大利亚监管部门还发现，违规操作的再保险产品来自通用再保险公司位于爱尔兰首都都柏林的一个团队，而爱尔兰金融服务管理局也开始对通用再保险公司在爱尔兰的经营活动展开调查。

2004年3月，该公司公布的赢利报告显示去年净利润下降10%，由2003年的近82亿美元减至73亿美元。相比美国股市的总体表现，巴菲特在股市上的投资业绩最近几年出现了明显下滑。以标准普尔500指数为例，该指数成分股在2003年和2004年的平均账面净值增长率分别达到28.7%和10.9%。均超过了巴菲特的伯克希尔·哈撒韦公司。与股市投资不景气相对应的是，伯克希尔·哈撒韦公司的现金大量闲置，截至2003年12月，公司的现金存量由2003年的360亿美元升至430亿美元。2003年，伯克希尔决定让通用再保险退出酝酿巨大风险的衍生品业务，当时它有23218份未平仓合约。2005年初下降为2890份，2005年年底平仓合约减至741份，此举在当年让伯克希尔付出了1.04亿美元的代价。

对于普通的投资者而言，也许在你的投资道路上总会遇到不可测的风险，在这种时候大多数投资者似乎都会抱着一丝希望。但是真的是这种渺茫的希望让他们陷得更深？事实上，在这种时候正确的做法就是：无论斩仓的痛苦有多大，都应坚决退出。如果巴菲特当时不退出，2008年的"次贷危机"爆发后。他也许就退不了了。也许，这正是巴菲特的高明和智慧所在。

思维 44. 理性地看待增长

众所周知，无论是面临股市的增长还是股市的下跌，投资者都应理性地对待。也许股市在下跌时，能迫使很多投资者不得不割肉退出，这使得他们在投资时比平时更加理性。但股市在上涨时就很难做到理性了。

巴菲特在1989年给股东的致函中说："我们还面临另一项挑战：在有限的世界里，任何高成长的事物终将自我毁灭。若是成长的基础相对较小，则这项定律偶尔会被暂时打破，但是当基础膨胀到一定程度时，好戏就会结束，高成长终有一天会被自己所束缚。"

这段话充分显示了巴菲特在投资方面非常具有理性，他是不会相信无限增长的。自从20世纪70年代就开始写"致股东函"，每隔两三年，巴菲特都会非常诚恳地表示动辄20%～30%的增长都是不可能长期持续的。

巴菲特在购买一家公司的股票之前，他要确保这只股票在长期内至少获得15%的年复合收益率。巴菲特总是尽可能地来估计这只股票在10年后将在何种价位交易，测算公司的赢利增长率和平均市盈率，并与目前的现价进行比较。如果将来的价格加上可预期的红利，不能实现15%的年复合收益率，巴菲特就倾向于放弃它。

假设在2000年4月，你能够以每股89美元的价格购买可口可乐的股票，你的投资在长期内能够获得不低于15%的年复合收益率。

那么，10年之后，可口可乐的股票大致可以卖到每股337美元的价格，才能使你达到预期目标。关键是假如你决定以每股89美元的价格购买，那么就要确定可口可乐的股票能否带来15%的年复合收益率。这需要衡量四个指标。其一，可口可乐的现行每股收益水平；其二，可口可乐的利润增长率；其三，可口可乐股票交易的平均市盈率；其四，公司的红利分派率。只要掌握了这些数据，你就可以计算出这家公司的股票的潜在收益率。仍然以可口可乐为例，可口可乐股票的成交价为89美元，连续12个月的每股收益为1.30美元，分析师们正在预期收益水平将会有一个14.5%的年增长率，再假定一个40%的红利分派率。如果可口可乐能够实现预期的收益增长，截止到2009年每股收益将为5.03美元，那么用可口可乐的平均市盈率22乘以5.03美元就能够得到一个可能的股票价格，即每股110.77美元。最后再加上预期11.80美元的红利，你就可以获得122.57美元的总收益。

数据具有很强大的可信度，如果要达到15%的年复合收益率，可口可乐目前的价格只能达到每股30.30美元，而不是1998年中期的89美元。所以巴菲特不肯把赌注下在可口可乐股票上，即使在1999年和2000年早期可口可乐股票一直在下跌。

毫无疑问，如果投资者以正确的价格来购买正确的股票，获得15%的年复合收益率是可能的。而如果你购买了业绩很好的股票却获得较差的收益率也是很可能的。因为你选择了错误的价格。大多数投资者没有意识到价格和收益是相关联的：价格越高，潜在的收益率就越低，反之亦然。

思维 45. 巴菲特的止损策略

众所周知,股市投资有很大的风险,谁也无法保证自己对每一只股票的投资都是正确的。那么,一旦出现赔钱的迹象该怎么办呢?巴菲特的答案是:立即实施止损措施。

止损,即控制损失。对于股票投资者而言,这个字眼令人很不舒服。如果你也是非常厌恶这个名词并进而拒绝在投资中引入止损措施的话,那么你无疑是在自己的投资中埋下了一颗定时炸弹,它迟早是要毁灭你和你的财富的。而且,对于投资者而言,一次大亏足以毁掉前面99次的利润。所以,严格遵守止损纪律便成为确保投资者生存下去的唯一法则。

往往有很多相当专业的投机者,他们既精通技术分析,也曾在多次的投资活动中取得赫赫战果,但就是因为过于自信,没有及时止损,结果一次失手造成重大损失,从此一蹶不振。这样的例子比比皆是。

实际投资过程中,很多股票投资者也常犯相同的错误,只知道买进股票后赚了钱出局,却很少主动在适当的亏损位置止损平仓走人。他们认定进入股市是为了快速致富,因而很少考虑(或根本不考虑)股市风险。这就会导致当股票价格到达止损位时,投资者失了方寸,患得患失,止损位置一改再改。有的投资者甚至临时变卦,逆势加仓,企图孤注一掷,以挽回损失。有的投资者在亏损扩大之后,干脆不管不顾,听之任之。

这些投资者明知大盘趋势会继续向下运行,自己手中持有的股票也已进入下降通道,但他们仍然心存侥幸,总希望不久就会强劲反弹。在始终看不到反弹出现的情况下，则更不甘心亏本卖出。于是，日复一日地在期待反弹中等待。却不知股价已经在盲目的等待中不断缩水。本来只要止损就能降低亏损，结果却在坚持长线捂股、不肯认输的错误思想指导下越亏越大。

这些投资者也许根本不知道世界上最伟大的交易员都会遵循一个有用且简单的交易法则，叫作"鳄鱼法则"。这源自鳄鱼的吞噬方式：猎物愈试图挣扎，鳄鱼的收获愈多。假如你被鳄鱼咬住了一只脚，它不会马上就把这只脚吃掉，而是等待着你的挣扎。如果你用手臂试图拔出你的脚，鳄鱼的嘴巴就会同时咬住你的脚与手臂。你愈挣扎，就陷得越深。所以，你务必要记住：万一鳄鱼咬住你的脚，你唯一生存的机会便是牺牲那只脚。对股市而言，这项原则就是：当你知道自己犯错误时，唯一正确的做法就是立即了结出场。不可再找借口、侥幸期待、强调理由或采取其他任何行动。

巴菲特强调：止损要讲究科学，只有懂得科学止损才是股市获胜的根本保证。他把科学止损的目的归纳为：回避风险、保住本金、求得生存。

为了让投资者真正认识到止损的重要性，巴菲特举了这样一个例子：一个分析准确率在40%左右的投资者和一个分析准确率在80%左右的投资者，谁能够在投资中更长久地生存呢？表面看来，后者胜算更大一些，但实际不然。如果不能有效地实施止损措施，不能有效地控制风险，后者往往不如前者表现得好。

假设两个人都是10万元的投资资金，前者每次的风险控制在2%，十次交易中四次赢利六次亏损,结果六次亏损损失是 1.2 万元。而后者每次的风险控制在 20%,十次交易中两次亏损,亏损额达 4 万元。所以,在亏损额相差 2.8 万元的情况下,后者必须比前者多赢利 2.8 万元才能保持一样的业绩。而这必须是在后者先赢利后亏损的情况下才有可能做到。如果后者在十次交易中刚开始就连续两次亏损,那么继续交易的本金实际上只有 6 万元。在资金量大幅缩水的情况下去增值 2.8 万元的利润,难度无疑增大了许多。

通过上面的例子,我们可以很容易地得出这样的结论:"如果不能有效止损,合理控制风险,那么即使有比较高的准确率,也未必有好的业绩表现。"

确切地说,止损点是在实际操作中股价处于下滑状态时所设立的出局点位。一般来讲,逢市值上涨时,止损点须及时提高;相反,在市值下降时,止损点可适当降低。这样有备而来,则可以防患于未然。

设立止损点的目的是为了最大限度地保住胜利果实,防范可能发生的市场风险。在此,必须说明的是,设立止损点并不是为了赚钱,在更多的时候是为了使亏损尽可能减少。

巴菲特告诫投资者,设立了止损点就必须执行,尤其是在刚买进就被套牢的情况下。如果发现错了又不回避,等股价大跌 40%~50% 时,将更加得不偿失。所以发现错了就应及时止损出局。在抛出的时候,用"快刀慢割"的手法,挥泪也得出。

巴菲特认为,在实际操作中,止损点有一定的缓冲空间,缓冲空间的确立则是比较讲究的。一般而言,做短线投资的缓冲空间在5%~8%之间，做中线投资的在8%~13%，做长线投资的在15%~20%之间，要注意的是无论是做长线投资还是短线投资，都须设立止损点。如果一只股票从最高点下跌6%，说明它在走弱，如果跌去10%，至少说明该股已处于调整中。投资者要针对股市走势，结合自己设立的止损点做出相应的对策。

简单来说，巴菲特的止损策略主要有以下两条：

（1）止损的依据。一般来说，止损的依据是个股的亏损额，即当某一股票的亏损达到一定程度时，应斩仓出局。但是止损的依据也可以是某个投资者的资金市值，这往往是针对投资者的整个股票投资组合而言的。当总的亏损额超过预定数值时，应减仓（减少持股）或清仓（完全离场）。另外，止损的依据还可以是股市大势（股指），即当股指跌破预定点位时，应减仓或清仓。巴菲特认为在制订止损计划时，投资者首先应根据自身的投资状况确定止损的依据。

（2）止损位的设置。止损位的设置是止损理念的关键，一般根据有关技术位和投资者的资金状况确定。但在不同的止损依据下，设置止损位考虑的重点也有所区别。例如，对个股止损一般应根据个股的技术位和投资者对亏损的承受能力来设置，奥尼尔则简单地规定亏损7%为止损位；对股止损，则根据大盘的技术位和投资者对亏损的承受能力来设置；资金止损，则主要根据投资者对亏损的承受能力来设置。

巴菲特认为，止损操作的关键在于意志坚定，在应该止损时绝不要心存侥幸，绝不能用各种理由来说服自己放弃或推迟实施止损计划，必须不折不扣地执行操盘纪律。

第八章
进退之道——在买之前就知道何时卖

俗话说,会买是银,会卖是金。对于所有投资者来说,把握正确的退出时机是能否成功的关键。正如巴菲特所说,正确的进入时机只是投资成功的一半,只有找准了恰当的退出时机才能最终确保自己旗开得胜。就像是爬山一样,顺利地上山只能说明你成功了一半,能否顺利下山将决定你能否取得最终的胜利。

思维 46. 寻找股票买卖的最佳时机

金融的本源是为实体经济服务的,当越来越多的人愿意放弃实业的真实财富创造而追求金融产业本身所代表的虚拟财富时,当我们越来越被自己所营造起来的虚拟世界所迷惑时,经济的根基正在变得越来越脆弱,企业也将在潮水退却时裸露一个原本赤贫的躯壳。

资本运营所带来的价值增值,是以未来赢利能力的提升为预期的。资本运营通常在交易时就对这种预期进行了定价,所以会在收购兼并、资产重组交易发生时出现财富的增值,但这种增值只是一种预期而已。

实际上,财富泡沫诱惑下的市场时机是一种短视的市场时机,这种收购行为虽能直接带来财务收益,从而立刻提升公司的价值,但仅是一种不稳定的"财务性"市场时机。

这时候买卖的最佳时机就显得极为重要了。

股票买卖时机是指买卖股票比较合适的时间。它既可以是一个时间"点",也可以是一个时间"段"。对于短期股票投资而言,"点"的意义显得重要,而对中长期股票投资而言,"段"的意义则更为重要。

缺口,是股价没有成交的范围,它的出现往往是受到利多或利空消息及主力介入或出货的影响,造成投资者情绪的冲动和多空双方力量的失衡而形成。缺口的出现特别是突破缺口的出现通常预示着后市将有一轮较大的上涨或下跌行情的产生,从而成为判断买入时机的一种标准。

在股价经过较长时间的下跌和底部完成之后,某日股价突然向上跳空高开并与前一日的股价之间留下没有成交的一定区域而放量上涨，缺口也在短期内未予回补，通常是该股开始进入拉升阶段的标志，显示其中短期内应有相当的升幅，是最佳的买入时机。

巴菲特认为股票投资选择所要面对的两个重要问题：一是选择投资的股票，即"选股"。二是选择股票买卖的时机，即"选时"。选准股票是股票投资能否成功的先决条件，而选择适宜的股票买卖时机是股票投资能否成功的关键，投资者应给予高度的重视。如果投资时机选择不对，就是选对了最佳股票，也可能由于整个大势的疲软而举步维艰，甚至下跌，造成投资损失；或者可能卖出时机未到，贸然卖出股票，而该股票却在卖出之后，才开始大幅上涨，使得投资收益大大减少。所以，有人说，选股是从小处着手，选时是从大处着眼。

在选择股票买卖时机的时候，是有一些基本的原则和方法要遵循的。

1. 股票的买卖原则

股票买卖时机的选择要因人而异，不可千篇一律，资金的多少，心理素质的优劣，短期投资还是中长期投资等差异使买卖时机有所不同。为了更好地把握买卖时机，应注意以下原则。

（1）长期股票投资买卖时机选择的原则

经济发展有四个过程：复苏、繁荣、衰退、萧条的周期性变化，人们称之为景气循环或商业循环。股市受经济的影响，股价走势也有回头上涨阶段、涨势明显（加速）阶段、涨势停顿阶段、回头下跌阶段、跌势加快阶段、跌势缓和阶段等（或者说，起步、繁荣、滑落、盘旋等）

不同阶段构成的周期性变化，人们称之为股价循环。长期股票投资买入时机宜选择在经济周期的萧条末期，股价循环的跌势缓和期；长期投资的卖出时机应选择在经济周期的繁荣阶段的末期，股价循环的涨势停顿期。

（2）中期股票投资买卖时机选择的原则

巴菲特认为，中期股票投资应该在股市长期上涨趋势确定的条件下进行波段式操作。并且宜在中期上涨趋势中，避开中期调整阶段。

（3）短期股票投资买卖时机选择的原则

巴菲特认为，短期股票投资应该在股市长期涨势和中期涨势确立的条件下进行。把握的买卖时机应在中期涨势的初期和中期，后期应减少操作。

2. 股票买卖的方法

股票买卖的方法按买卖的次数分，可分为一次买卖法，多次买卖法或分批买卖法。买卖方法的选择，亦无定论，视具体情况而定。一般而言，短期投资主要是采取一次买卖法，中长期投资主要采用分批买卖法。

股市受战争、政治及一些意外因素影响比较大，但这些因素对股市的影响不是长期的。在和平时期，内在时机是占重要地位的。股市上有句谚语："不要告诉我什么价位买，只要告诉我买卖的时机，就会赚大钱。"因此对于股票投资者来说选择买入时机是一个关键。买入时机因投资时期长短、资金多少等因素有所不同，但也仍然可以找到规律。一般而言，只要下列情况出现就是最佳买入时机：

（1）当有坏消息传来时，由于人的本性，通常股价下跌得比较厉害，是买进的良好时机。

（2）当股市下跌一段时间后，长期处于低潮阶段，但已无太大下跌之势，而成交量突然增加时，是逢低买进的最好时段。

（3）当股市处于盘整阶段，不少股票均有明显的高档压力点及低档支撑点可寻求，在股价不能突破支撑线时购进，在压力线价位卖出，可赚短线之利。

（4）当企业投入大量资金用于扩大规模时，企业利润下降，同时项目建设中不可避免地会有问题发生，从而导致很多投资者对该股票兴趣减弱，股价下跌，这是购进这一股票的良好时机。

（5）当资本密集型企业，采用了先进生产技术，生产率大大提高，从而利润大大提高的时候，是购买该上市股票的有效时机。

选择好的时机买进股票难，但在好的时机卖出股票更难，这与"创业难，守业更难"的艰辛很相似。卖出股票必须掌握一定的技巧，否则不仅不能赚钱，可能还无法脱手。

一般而言，只要下列情况出现就是最佳抛售时机：

（1）当买进股票一周后，价格上涨了50％以上，此时出售，投资收益率远高于存款利率，应当机立断，该出手时就出手。

（2）遇到长期上涨的行情，要适可而止，切莫贪心，赚一倍即出手。

（3）遇到突然涨价的股票，并且涨幅较大，应立即脱手。在这种情况下，股价很可能受大户操纵，若不及时出售，一旦大户抛售完手中股票就将悔之晚矣，再想卖出就困难了。

（4）当股价上涨后，行情平稳之际宜卖出股票，成交量由增转减时，宜卖出股票。

（5）当创出新高后。在某个交易日价格下跌，且比前交易日收盘价低的时候，该交易日的全天股价波幅必定要大于上个交易日的波幅的时候。对于持续稳健上升的优质股，出现以下情况时应卖出股票：在过去一年中股份企业中无人增购本企业股份，企业利润增长率与销售利润率明显下降，靠削减开支维持赢利，且企业，目前又没有开发出有市场前景的新产品。

对于发展缓慢型股票，出现以下情况，应出售股票：企业连续两年销售不景气，产品库存量大，资金周转缓慢，兼并亏损企业而使自身资金长期被占用，并在短期内无法使兼并企业扭亏为盈，股价上涨30%以上或在大户操纵下股价上涨10%以上。

对于复苏上涨型股票，当其发行企业已成为众所周知的发展型企业，人们纷纷购买其股票时，是卖出的好时机。

巴菲特认为，在股票市场大赚的投资者，往往是那些比别人先行一步愿意花时间对潜在公司进行深入了解的人，当别人纷纷抛售时，他却坚定信心买进股票。如果有必要的话，他们甚至准备好在2~3年甚至更长时间内持有股票，直到投资者蜂拥而入将该股票价格拉上来为止。对于那些成长型公司来说，不管经济形势发生了什么变化，它们都必须年复一年、季复一季地将其收益率稳定保持在15%或更高的水平上以满足投资分析家的期望，并随之提高其股票的价格。

投资股票成功的关键在于不被市场的短期波动所迷惑，心里清楚整个经济大势的走向。如果政府设定的经济预警指数已经向下反转，同时通货膨胀和利率同时攀升，那么投资者或许就得到了一个清晰的指向，那就是经济萧条正在来临。这对股票市场来说就不是一个利好消息，这时是投资者卖出股票的最好时机。在经济萧条的末期，投资者可以把在股票市场上卖出股票赚来的钱重新以较低的价格买回股票。

而人性总是需要不断经受挑战和刺激，人们总是不甘于平平淡淡地经营，资本市场的虚拟性和前瞻性为人们提供了激动人心的挑战。人们将不断地期待或营造下一个泡沫，这是人性使然。但是，在未来的经济周期中，不管企业自身营造怎样的虚拟财富帝国，不管是哪个产业来担当起新一轮经济泡沫的引擎，当我们与泡沫共舞时，需要的是对金融及资本市场本质的理解，需要的是保持一份冷静和理性，需要更多地关注：这个虚拟世界的实体内核是否能在乐观预期的推动下与泡沫共同成长？

思维 47. 何时卖空很重要

巴菲特曾经说过："如果你不知道现在是在做什么时，就不要卖空。一定要使用你的投资系统来决定买卖时机。"

所谓卖空，就是当投资者预测股票价格会下跌时，向经纪人交付抵押金，从经纪人手中借入股票抢先抛售，等到股票价格下跌到某一价位时再买进股票，将其归还给经纪人，在这个过程中获取差额收益。

根据卖空者目的的不同，卖空行为又分为三类：

一是投机性卖空。在这种情况下，卖空者出售股票的目的，就是预计该类股票的价格会下跌，为了以较低的价格补进同样的股票，从中获得差额利润。这种卖空风险大，利润也大，而且对股票市场有较大的影响。股票的价格会随着卖空者的抛售和补进而涨跌不停。

二是用于套期保值的卖空。这种卖空的根本目的是为了避免股票由于市场价格的下跌而造成损失。

三是技术性卖空。

巴菲特购买的股票有一个特点，就是拥有极高的商誉或者是处于市场垄断地位的公司。前者如可口可乐、万宝路、吉列以及1996年开始大量购买的麦当劳，都是当今世上的驰名公司；后者如《华盛顿邮报》、联邦快运等，这些公司被他称为"收费的桥梁"或者是"消费独占"。他选股中尽可能避免竞争太大的股票，历年来他没有看中一家如IBM、微软这一类的科技公司，他认为难以对科技股将来的发展做出准确的评价，而且风险相当大。

巴菲特认为，是否卖空股票，要看投资标的是否具备持久竞争优势、业务是否发生根本变化，以及股价是否够高而定。

在1987年10月股灾之前，巴菲特几乎把手头上的股票都卖掉了，只剩下列入永久持股之列的股票，所以遭受的损失较少。巴菲特认为，当有人肯出远高过股票内在价值的价格，他就会卖出股票。当时，整个股票市场已经达到疯狂的地步，人人争着去买股票，因此，他觉得已经有了卖股票的必要。

在适当的情况下，卖空可以是有用的和有利可图的策略，但必

第八章 进退之道——在买之前就知道何时卖

须谨慎使用。卖空者必须明了规则和风险。显然，主要的风险是不参与任何未来的获利。在合适的情形下，完美避险的卖空，可以是一个有效获利的方法。

总的说来，对于是否卖空，投资者应遵循以下三条原则。

第一条原则：

不要在牛市卖空。为什么要与大势违抗？不过，你早晚会不相信这条建议，亲身去尝试，最后发现这样做确实行不通——就像看到路旁贴着"油漆未干"的标志，通常也真的是黏糊糊的。把卖空权留起来，等到熊市时再用。你的机会将更多。

第二条原则：

不要小规模地卖空。那些做市商和专业投资者很容易就能操纵你所少量投资的股票。这称为"被逼卖空"（意即你将发现亏损，被迫轧空），滋味可不好受。以每天500万到1000万股的规模做卖空会安全很多。

第三条原则：

不要在平淡市卖空。"永远不要在平淡市上卖空"，指在股市变得迟滞不前、无明确趋势时，请小心对待支撑股价的基本力量。如在过去的几年里，即使只有最微小的利好新闻，支撑力量也可能转变成买股行为。紧接着，回升和升势就使空头投资者处于高风险状态。

一个平淡的市场，有时指一种平衡市。市场运动迟缓，有时上升，紧接着一个小调整。在平淡市或平衡市期间，机构投资者正在等待（如果他们能这样做的话）一个好的理由回到市场。最微小的好消息（或者有时是坏消息，但不如想象的坏）也可能引起强烈反弹的发生。反弹可能引起卖空股票价格上升，导致保证金增加，最后亏损。造成平淡市的稳定性是市场力量的证明。如果没有这种基础性的力量，该股市显然会下跌。

股市走平，波澜不惊，投资者有卖空冲动。在此之前，最好仔细看清股市以及卖空选股。平淡市间经常有基本的势力在维护着稳定。买方进入，替代卖方，股市成为平衡市。平淡市上的卖空在月线图上可能会结束得十分痛苦。

但是，在平时的股票投资中，我们也可发现有两种最适于卖空的股价形态。

头肩顶形态

右肩应较左肩略低。最佳时机应当是在右肩第二次或第三次拉升失败结束之后。其中的一次拉升失败点将稍高于前几个星期反弹时的高点。此时做卖空有些早。对于先前的股票来说，在下挫很厉害之后，还有可能从右肩的低点处出现几次20%~40%幅度的反弹回挫。最后一次上涨应该经过其平均移动线。有时，不是所有时候，如果每季盈余增长率和收入减缓的话，股价会下跌。股票的相对强度线在经过至少20~34个星期的上扬后会出现明显下降。实际上，通过研究我们发现，几乎所有合理的卖空形态都发生在一支很强的前市场领导股明显到达最高点的5~7个星期之后。很少有人知道这一点，大部分卖空者由于过早操作、做得不好或错过明显的好时机而遭受损失。

试图突破，却明显遭到失败的三阶、四阶柄式杯状形态及其他形态。该股票应该刚扩大成长量,而且开始向下跌破杯柄区域。典型的,卖空价格应该从过去的交易中"报升"(报升指的是交易价格要比以前的交易价格至少高1美分)。因此,一般可以在大盘走势发展之中或者是高点处下单放空,限度是低于原有价格0.25美元或更多。对于走势虚弱的股票,可以不需要报升,价格低1个或更高的百分点即可。

卖空是通过保证金账户来做的,所以要和经纪人确认看看能否借入你所想要卖空的股票。另外,如果在放空期间股票需要支付股息,那么你还必须向买入该股票的人支付股息。所以,不要卖空股息量很大的股票。

即使对股市专家来说,卖空也极具风险。只有能力更高、胆量更大的人才敢尝试。所以,投资者不要仅仅因为股价看上去太高了就去卖空一只正在涨升的股票。你可能会变得"一贫如洗"。

思维48. 熟知"卖出"策略

正如巴菲特所说,从理论上讲,卖掉一家企业的适当时机是永远也不卖。以下是我们的最终目标:以十分划算的价格买永远也不卖的卓越企业,它会一直使我们致富。虽然股票的确只有到抛售时才能实现收益,财富可能也全都"在纸上",但完全可以不卖。

但投资者并非总能够长期持有一家卓越的企业,并非所有企业都能保持其卓越地位,就连巴菲特也时常卖掉一些企业。多年来,他对几百家企业进行了买卖。虽然买的时候他可能希望永远也不卖,但作为一名价值投资者,他也是在留有安全边界的情况下购买,因而准备了脱身之计,以免在情况不妙的时候赔本。而他购买并长久持有的企业很少。尽管他说,可口可乐是他永远也不会卖掉的企业,但1999年,当"市场先生"对可口可乐的定价达到疯狂的高度时,他非常后悔没有卖掉它。巴菲特的退出策略来源于他的投资标准。

巴菲特不断用他投资时所使用的标准来衡量他已经入股的企业的质量。尽管他最推崇的持有期是"永远",但如果他的一只股票不再符合他的某个投资标准(比如企业的经济特征发生了变化,管理层迷失了主方向,或者公司失去它的"护城河"),他就会把它卖掉。

2000年,伯克希尔公司与证券交易委员会的往来文件揭示出他已经将他持有的迪士尼股份卖掉了一大部分。在2002年的伯克希尔年会上,一名股东问巴菲特为什么要卖这只股票。

永不评论自己的投资是巴菲特的原则,所以他模模糊糊地回答说:"我们对这家公司的竞争力特征有一种看法,而现在这个看法变了。"

当巴菲特需要为更好的投资机会筹资时,他也会卖掉手头的一些资产。这在他的职业生涯早期是必然的,因为那时候他的主意比钱多。但现在,他已经不必这么做了。在伯克希尔的保险融资给他带来充足的资金之后,他面临的是一个截然相反的问题:钱比主意多。

如果巴菲特认识到他犯了一个错误,认识到他最初完全不该做这样的投资,他会毫不犹豫地退出。

总的说来,在退出时机上,巴菲特会采用以下6种策略中的某

第八章 进退之道——在买之前就知道何时卖

一种或几种：

（1）当投资对象不再符合标准时。比如巴菲特出售迪士尼的股票。

（2）当他们的系统所预料的某个事件发生时。当巴菲特做收购套利交易时，收购完成或出现泡汤的时候就是他退出的时候。在上述任何一种情况下，特定事件是否发生都将决定投资者的成败得失。

（3）当他们的系统所得出的目标得到满足时。有些投资系统会得出某项投资的目标价格，也就是退出价格。这是格雷厄姆法则的特征。格雷厄姆的方法是购买价格远低于内在价值的股票，然后在它们的价格回归价值的时候（或两三年后依然没有回归价值的时候）卖掉它们。

（4）系统信号。这种方法主要由技术交易者采用。他们的出售信号可能得自特定的技术图表，成交量或波动性指标，或者其他技术指标。

（5）机械性法则。比如设定比买价低10%的停损点或使用跟踪停损点来锁定利润。机械性法则最常被遵循精算法的成功投资者或交易者采用，它们源自投资者的风险控制和资金管理策略。

（6）在认识到犯了一个错误时。认识到并纠正错误是投资成功的关键。

投资标准不完善或没有自己的投资标准的投资者显然无法采用退出策略，因为他无从判断一个投资对象是否符合他的标准。另外，他在犯了错误的时候也不会意识到他的错误。一个没有系统的投资者，不会有任何系统生成的目标或出售信号。他的最佳做法是遵循一种机械化退出法则。这至少能限制他的损失，但这同样无法保证他获得任何利润，因为他没有做像巴菲特这样的投资大师所做的事情：首先选出一类有正平均利润期望值的投资对象，然后围绕它建立一个成功的系统。

总的说来，知道何时卖出一只股票，比知道何时买入股票重要。

在讨论何时应当卖出股票之后，我们也要清楚，什么情况下不能卖。在以下情况下，巴菲特建议投资人不要卖出股票。

（1）股票价格已经回落。单看股票，股价运动传达的是无用信息，尤其是在短期内，完全不可预测的原因能导致股价向各种方向运动。股票长期运行的表现，很大程度上取决于公司未来现金流的变化——这和股价过去两周或一个月的表现没有什么关系。

你要牢记，当你买了股票以后，股票走势怎样不是最重要的。你不能改变过去，市场也不关心你在股票上是赚了还是赔了。调整股票价格的是该公司的未来，那才是当你决定是否要卖一只股票的依据。

（2）股票已经猛涨。再强调一次，股票过去怎样关系不大，真正重要的是你预期的公司未来会怎样。没有什么可以预示股票从上升的形态转而向下，就像没有什么可以说股票走出箱形，最终还会回来。如果我们能抛弃股票过去走势的所有图表（因为它们不能提供关于未来的任何有用信息），我们中的大多数人可能会成为好的投资者。

作为普通投资者，不要仅仅因为股价的涨跌卖出，但是经过认真的分析后，如果以下情况出现，应当卖出：你在第一次买入时犯了一个错误；公司基本面已经恶化；股价已经超出它的内在价值很多；

你已发现了更好的投资机会；这只股票在你的投资组合里占了太大的比例。

不管方法如何，每一个成功投资者都应像巴菲特一样在投资的时候就已知道什么样的情况会导致他赢利或亏损。凭借自己的投资标准不断评估投资的进展，他会知道他应该在什么时候兑现这些利润或接受这些损失。

思维 49. 耐心等候买入时机

一个年轻人希望自己能成功，为此他付出过许多努力。但屡屡的失败开始侵蚀他的自信心，他有点绝望了。想放弃的时候，他去找智者，希望智者能给他一些指点。

年轻人问智者："我为什么不能成功？"

智者微微一笑："这里有两袋混在一起的黑白芝麻，你今晚把它们分开，明天我会告诉你答案。"

年轻人回到家中，看着两袋芝麻无计可施——要把这两袋的黑白芝麻分开，得要多少天呢！年轻人拣了一会儿就没有了耐心。

第二天，他来找智者。智者问："你这么快就把芝麻分开了吗？"年轻人不好意思地说："太费劲了，你别让我分什么芝麻了，就直接告诉我答案吧。"

智者听了，还是微微一笑："我的答案已经告诉你了，成功就好像要把这黑白芝麻分开。你要从细处入手，光努力不行，还要有耐心，坚持下去总会成功的。你缺少的就是耐心！"

同样，在我们进行股票投资时，短期的股价波动会给我们的投资带来很大的风险，但从长期来看，我们可以很好地预测市场的走势。

股票市场总是不停地上下波动，这是每个投资者都知道的。那么股票价格波动的规律是什么呢？

巴菲特从他的导师格雷厄姆那里学习了关于股市波动的永恒规律，格雷厄姆曾经告诉我们为什么会如此："从短期来说股市是一台投票机，但从长期来说股市却是一台称重机。"贪婪与恐惧或许在投票时很起作用，但在称重时却没有什么作用。

格雷厄姆在1949年出版的《聪明的投资者》中指出："股票市场本身没有时间进行这种科学的思考。尽管没有什么正确的价值衡量方法，它必须先把价值确立起来，然后再寻找其根据。因此股票价格不是精心计算的结果，而是不同投资者反映的总体效应。股票市场是一台投票机，而不是一台称重机。它对实际数据并不做出直接反应，只有当这些数据影响买卖双方的决策时，它才做出反应。"

50多年来大量的股票市场实证研究表明，格雷厄姆认为股市短期是投票机而长期是称重机的观点是完全正确的，虽然股市短期内会剧烈波动，但长期则必然会向价值回归。

股票的价格走势虽然也受大盘的影响，但决定其价格趋势性走势的还是该上市公司基本面的趋势性变化。如果可以比较明确地预计某个上市公司未来赢利的良性发展趋势，其现在的价值水平也适当的话，对那些基于年线层面交易而不是日线、周线和月线层面交易的投资人，大盘的不确定性确实是其决定因素。

第八章 进退之道——在买之前就知道何时卖

股票的收益在短期内也可能存在正相关关系，如1周或1月，但从长期来看，股票收益则可能显示出负的序列相关性。经过2~3年或更长的时间后，原来上涨的股票可能反而会下跌，而原来下跌的股票可能会上涨。

巴菲特以实际数据证明了这一观点。他以1899—1998年近100年间美国股市走势经常与GNP走势完全相背离的原因做事例。他认为美国股市20年整体平均实际投资收益率为6%~7%，但短期投资收益率会因为利率、预测投资报酬率、心理因素的综合作用而不断波动。

巴菲特在1999年11月22日的《财富》杂志上指出：美国投资人不要被股市飙涨冲昏了头脑，股市整体价格水平偏离内在价值太远了。他预测美国股市不久将大幅下跌，重新向价值回归。果然在2001年，网络泡沫破灭，纳斯达克下跌近50%。

两年后巴菲特再次在该杂志上发表了自己对股市的看法，他再次重申股市整体表现从长期来说与美国经济整体成长性相关，过度高涨的价格长期来说肯定会回归其内在价值。在这篇文章中，巴菲特以1899—1998年近100年间的历史数据解释了为什么美国股市走势与GNP走势完全相背离？他的研究证明美国20年平均整体投资报酬率约为7%，但短期投资报酬会因为利率、预测投资报酬率、心理因素的综合作用而不断波动。它以详细的历史数据说明了为什么短期来说股市是一台投票机，但长期来说股市却是一台称重机。

美道琼斯指数在1964—1998年间的前17年与后17年的走势截

然不同。第一个17年：1964年年底道琼斯指数为874.12，1981年年底为875.00，17年间增长1个百分点。第一个17年股市几乎丝毫没涨。

第二个17年：1981年年底道琼斯指数为875.00，1998年年底为9181.43，17年间上涨超过10倍，这17年是一个难以置信的大牛市。

美国股市在两个相同的17年期间有完全不同的增长率，足以说明了以上的观点。

那么，为什么股市会表现如此大的反常呢？这得归功于影响股市波动的3个关键因素。

（1）利率。在经济学中，利率就好像自然界的地心引力一样，不论何时，不管何地，利率任何的微小波动都会影响到全世界所有资产的价值。最明显的例子就是债券，但这道理同时适用于其他各项资产，不管是农场、油田、股票与其他金融资产，都是如此。假设今天市场利率是7%，那么你未来1美元的投资收益的价值就与市场利率为4%时的价值有很大差别。从长期看，利率的变化一般都比较大。

（2）人们的预期投资收益率。

（3）心理因素。人们看到股市大涨，投机者疯狂爆发，终于导致上演一幕幕的悲剧。

所以，预测股市的短期波动是不可能的。巴菲特说："我对预测股市的短期波动并无所长，我对未来6个月、未来1年或未来2年内的股票市场的走势一无所知。"相反，巴菲特认为股市长期波动具有非常稳定的趋势，非常容易预测。

巴菲特的成功使他成为一个令人敬仰的成功人士,他成功的最大原因就是他的耐心。从他 1956 年合伙成立一个投资公司以来,美国的股市长期来说就是一个牛市,许多人沉不住气,把股票卖了,可是巴菲特却持有股票后十几年不动。他的方法就是在股票低于实际价值时买入,坚决持有至价值被发现,在超过其内在价值时,他才会抛出。1969 年美国股市太热,巴菲特找不到好的投资机会,于是卖掉了累积了 13 年的股票。

至 1973 年股市低落时,巴菲特又重新买入 1060 万美元的《华盛顿邮报》股票,到 1989 年已增至 4.86 美元;1974 年,他以 4500 万美元买入的政府雇员保险公司,至 1989 年已值 14 亿美元。巴菲特 20 多年来的平均收益率为 29%,正是这样高的收益率使他成为一代股神。

巴菲特认为,一个投资者要想取得成功,就必须有耐心。在他看来,耐心是做一个成功的投资者应该具有的重要素质,认为只有耐心持股,才有机会在等待中获得超出一般指数的成绩。

巴菲特经常说,只要他对某只股票满意,他就去买下并长期持有,即使交易所关门 10 年也无所谓。持股 10 年,大多数投资者是很难做到的。因为在这漫长的时间里,利率、经济景气指数及公司的管理层都有可能发生很大的变化,促使股价剧烈波动。股价的波动对大多数投资者而言,将会严重地刺激他们的神经,使他们的信心和耐心受到挑战,往往为了止损卖出股票。

对集中投资者来说,耐心是必备的素质,要想得到超出市场平均值的回报，就更需要加倍的耐心与智慧来应对由股价波动所带来的影响。如果有像巴菲特一样的耐心，能长期坚持下来，一定会获得丰厚回报的。因为股市中，成功总是青睐有耐心的人。

巴菲特坚信，没有投资者是永远正确的，他要做的就是耐心等待大多数投资者出现失误，然后抓紧机会加仓。

在股市上，当投资者争先恐后地抢购时，巴菲特仍然能够像坐禅的高僧一样，稳坐一边，直到其他人丧失锐气，纷纷抛售时，他才会出手以优惠价买入。一些专家将这称为"行为经济学"，并称巴菲特是完美典范，他在交易时不受情感波动的影响，始终能够做出理性的判断。

巴菲特也犯过错误。那么，该如何避免重复类似错误呢？基金经理惠特尼说，最重要的一点是，巴菲特有勇气承认自己的错误，并从中吸取教训。很多投资者，见到一根大阳线就心动，在股票市场，我们一定要学会等待。

世界上没有什么比赚钱更需要耐心。根据自己的经验，耐心等待精美图形的出现是风险市场的美德。巴菲特能做到空仓5年，这才是一位"股神"的定力。格雷厄姆练了18年尚未成功，而巴菲特成功了，也许这就是耐心所带来的好运。

思维 50. 实现了目标就要见好就收

投资者都认为，要战胜市场首先要战胜自己。股市上的投资人，无论是基金经理人还是一般的散户最难战胜的就是自己的贪婪。他们

第八章 进退之道——在买之前就知道何时卖

在股市调整下跌的时候恐慌不已,常常不知所措,跟着消息和所谓的"庄家"拥进拥出,对自己的行为不做理性分析,结果损失惨重;在股市上扬的时候,则希望自己买的股票涨了再涨,希望市场一往无前地上扬,没有顶点,希望自己的股票达到自己为它设定的短期内甚至永远无法达到的价位,结果当他们还沉浸在憧憬和梦幻中的时候,股市突然风云突变,开始下跌,将已经到手的收获瞬间化为灰烬,为自己留下永久的遗憾。

巴菲特之所以成功,最重要的就是坚持理性,坚守自己的投资理念,在市场低迷时乘机挑选投资对象,静待机会买进。在市场疯狂上涨时,冷静而不贪婪,股价一旦达到自己的获利预期,就果断获利脱手。

1966年对于巴菲特有限公司来说,又取得了令人震惊的成功。无论是相对于道琼斯工业指数还是公司本身的发展业绩,都创下了空前的业绩回报纪录。当年道琼斯工业指数下跌15.6%,而该公司的投资收益率却高达20.4%,超出市场平均业绩36个百分点。

巴菲特在1968年1月24日的一封信中又写道:按照大多数人的标准,巴菲特有限公司在1967年的经营业绩又是非常红火的一年。当年道琼斯工业指数上涨了19%,而巴菲特有限公司的经营业绩则上升了,超出了原先他设想高于市场平均水平10个百分点的奋斗目标。

他说,当年巴菲特有限公司的总收入为1938万美元,即使发生严重通货膨胀,也有足够财力大量买入百事可乐股票。由于当年该公司卖出了一些长期持有的可流通股票,从而使得当年的税前利润达到

2738万美元。

在这一年,巴菲特有限公司通过所属的两个控股公司(戴弗斯菲尔德零售公司和伯克希尔公司),又收购了另外两家公司,一家是戴弗斯菲尔德零售公司收购的联合棉花商店(后来改为联合零售商店),另一家是伯克希尔公司收购的国民保险公司及其附属国民火灾与海运保险公司。

按理说,形势已经一片大好,巴菲特高兴还来不及。可是作为一名理性投资者,他在这种大好形势下却感到一片忧虑,非常担忧股票市场会因为投机因素过浓而崩盘。

巴菲特在1968年7月11日的一封信中指出,当时的股票市场无论是发起人,还是高级雇员、职业顾问、投资银行家、股票投机者,几乎所有人都能从中狠狠地赚到一大笔钱,可是他很担忧这些行为随时随地会引发长期后果。

从1957年到1968年,道琼斯工业指数的综合平均年增长率为9.1%,巴菲特有限公司的年平均收益率则高达31.6%,人人都处于一种狂热的亢奋中。一位资产超过10亿美元的共同基金投资经理,在1968年年初开办一种新型咨询服务项目时说:"对于证券的研究必须按分钟来进行。"这让巴菲特听了特别不舒服,更让他感到股市中到处弥漫着投机气氛。对此他幽默地说:"哇!这种废话让我在外出喝百事可乐时感到内疚。"

1967年年末,巴菲特估计伯克希尔公司的内在价值为每股25美元,而这时候它的股价是20美元;1968年年末,巴菲特估计伯克希尔公司的价值为每股 31 美元，而这时它的股价是 37 美元。这让他感到，无论市场环境还是个人因素都已经发生很大变化，已经到了修改未来经营目标的时候了。因为事实上，伯克希尔公司的经营手法还是像过去那样一直没变。

接下来的动作令人震惊：1970 年，巴菲特决定解散巴菲特有限公司，因为他认为，人们对股票市场的估价已经太高，他已经不知道如何投资了。

巴菲特对巴菲特有限公司的资产进行了彻底清算，按照每位股东应该得到的收益，以及按比例规定应该得到的利息，全部分给每一个人。每位股东可以有两种选择：既可以按照比例获取应该得到的收益，卖掉手中的股票，换取现金；也可以继续持有戴弗斯菲尔德零售公司的股票，或者持有伯克希尔公司的股票。如果有弄不清、需要咨询的地方，巴菲特负责提供建议。

当然，巴菲特有限公司的解散还有另外一层原因，那就是：一方面，当时要求加入巴菲特有限公司的人越来越多，已经实在无法应付；另一方面，巴菲特有限公司已经不需要再用别人的钱进行投资了。

按照法律规定，巴菲特有限公司作为合伙企业，原来最多只能拥有 99 个合伙人，而现在解散后重新注册为一家投资公司，就可以不受这项限制了。这时候新成立的投资公司就是现在的伯克希尔·哈撒韦公司——在一家纺织公司基础上改制而成的投资公司。

1973 年至 1974 年，巴菲特有限公司刚刚解散完毕，股票市场就如他原来担心的那样崩盘了。由此可见，巴菲特对投资环境的警觉以及如何完美收场，拿捏得恰到好处。

这时候，巴菲特个人拥有的股票市值约 2500 万美元，其中大部分被他悄悄投入了伯克希尔·哈撒韦公司。如果不是他这样完美收场，而是在接下来的股市崩盘中遭受毁灭性损失，巴菲特就不会有今天的成就了。

思维 51. 不宜卖出的好股票

巴菲特认为，投资者买入股票的价格必须合理，只有这样才能谈得上确保获利回报。另外，在此基础上还要考虑到卖出价格，不要单纯因为价格较高就卖掉你手中的好股票，因为这时候的价格与内在价值相比很可能仍然是偏低的。

巴菲特在伯克希尔公司 1992 年年报致股东的一封信中说，1992 年伯克希尔公司的股票投资项目与上一年相比几乎没什么变动，也许有人会说伯克希尔公司的管理层怎么昏庸到这个地步，一年内"几乎什么事情也没做"？巴菲特解释说，现在的这些股票都非常好，业绩表现也非常优异，自己对这些股票又非常了解，为什么要卖掉它们呢？如果卖掉这些股票，又到哪里去寻找比它们更好的投资项目呢？

巴菲特说，有件事情非常有趣，那就是公司管理层在认定什么是自己的主业时从来就不会搞错，母公司绝不会因为对方的出价还可以，就把自己旗下最优秀的子公司给卖掉。因为该公司知道，这是自己的"吃饭家什"，卖不得。可是当这种情形换到个人投资组合上时，有人却会毫不犹豫地把该股票卖掉，然后买入另一只股票，理由只是经纪人的一句话：你把它卖掉，到时候股价跌下去了还可以重新买回来。

巴菲特说，从他的个人经验看，上面这家母公司对待子公司的态度同样适合于个人投资。因为你所持有的这些股票所展现的特性，实际上与一家公司老板持有该公司全部股权是一样的道理。

在这里，巴菲特的意思说得最简单不过了：对于一家值得长期拥有的优秀公司来说，不是说股票交易价格上涨到一定程度就能卖出去的；它的交易价格高低，应该与内在价值相比，用未来的现金流折现来加以衡量，这样才能看出这个价格在整个价值链中的地位。

那么，究竟在怎样的情况下不应该卖出股票呢？在巴菲特看来，主要有以下几种情况。

（1）股票已经回落。单看股票，股价运动传达的是无用信息，尤其是在短期内，完全不可预测的原因能导致股价向各种方向运动。股票长期运行的表现，很大程度上取决于公司未来现金流的变化——这和股价过去两周或一个月的表现没有什么关系。

你要牢记，当你买了股票以后，股票走势怎样不是最重要的。你不能改变过去，市场也不关心你在股票上是赚了还是赔了。调整股票价格的是该公司的未来，那才是让你决定是否要卖一只股票的依据。

（2）股票已经猛涨。再强调一次，股票过去怎样关系不大，真正重要的是你预期的公司未来会怎样。没有什么可以预示股票从上升的形态转而向下，就像没有什么可以说股票走出箱形，最终还会回来。如果我们能抛弃股票过去走势的所有图表（因为它们不能提供关于未来的任何有用信息），我们中的大多数人可能会成为好的投资者。

作为普通投资者,不要仅仅因为股价的涨跌卖出,但是经过认真的分析后,如果以下情况出现,应当卖出:你在第一次买入时犯了一个错误;公司基本面已经恶化;股价已经超出它的内在价值很多;你已发现了更好的投资机会;这只股票在你的投资组合里占了太大的比例。

不管方法如何,每一个成功投资者都应像巴菲特一样在投资的时候就已知道什么样的情况会导致他赢利或亏损。凭借自己的投资标准不断评估投资的进展,他会知道他应该在什么时候兑现这些利润或接受这些损失。